Inhalt

Roland zu Dortmund e.V.
Postfach 10 33 41, 44033 Dortmund
E-Mail: info@roland-zu-dortmund.de
Homepage: www.roland-dortmund.de

Jahresbeitrag für Einzelpersonen € 30,- (Ehepaare € 35,-)
fällig im 1. Quartal des Jahres. Der Verein ist vom Finanzamt Dortmund-West als gemeinnützig anerkannt.
Der Bezugspreis der Zeitschrift (Roland) ist im Mitgliedsbeitrag enthalten.

Bibliothek: Im Stadtarchiv Dortmund, Küpferstr. 3. – Öffnung auf Anfrage
☎ 01 76 – 51 25 10 29 oder unter bibliothek@roland-zu-dortmund.de

Zeitschrift der genealogisch-heraldischen Arbeitsgemeinschaft Roland zu Dortmund e.V.

Sitz Dortmund, gegründet am 24.05.1961

Herausgegeben im Auftrag des
Roland zu Dortmund e.V.
von Christian Loefke

Band 33 • 2024

Satz: Christian Loefke, Münster

Verlag: BoD · Books on Demand GmbH, In de Tarpen 42, 22848 Norderstedt

Druck: Libri Plureos GmbH, Friedensallee 273, 22763 Hamburg

ISSN 2196-1697

ISBN: 978-3-7693-1606-3

Wappen als Kommunikationsmittel der territorialen Machtverhältnisse am Beispiel der Vereinigten Herzogtümer Jülich – Kleve – Berg von 1521

von Friedhelm Wittlieb

1. Einleitung

In der Vormoderne gab es verschiedene Formen und Funktionen des Schrift- und Bildgebrauches. Nachfolgend soll aufgezeigt werden, in welcher Art und Weise auch Wappen in diesem Kontext anzusiedeln sind.

Wappen wurden erstmals Ende des 11. bzw. Anfang des 12. Jahrhunderts benutzt und dienten anfangs als Erkennungszeichen der mittelalterlichen Krieger. Die umfänglichen Rüstungen schützten zwar im Kampf, aber besonders die Helme der Rüstungsträger schränkte deren Sicht erheblich ein. Es musste also eine Lösung gefunden werden, um Freund von Feind eindeutig unterscheiden zu können. Der mitgeführte, großflächige Abwehrschild bot dabei ausgiebigen Platz für ein individuelles Erkennungszeichen.[1]

Die Wappen wurden zu Beginn aus praktischen Gründen der Erkennbarkeit in Kriegszeiten und in den Ritterturnieren benutzt. Ab dem 13. Jahrhundert übernahmen auch andere gesellschaftliche Gruppierungen und Institutionen (wie Klöster, Städte oder Bistümer) diesen Brauch. Allmählich wandelte sich das Wappen von einem reinen Erkennungszeichen zu einem Symbol von Familien- und Verwandtschaftsverhältnissen, Besitz- und Machtverhältnissen oder Herrschaftsansprüchen. Bei der Darstellung der entsprechenden Beziehungen oder Ansprüche entstand zunehmend das Bedürfnis, nicht nur neue Wappen zu kreieren, sondern durch ein besonderes System von Beizeichen, Kronen, Vereinigungen etc. Wappen zu verbessern.[2] Anfangs gab es bei der Verwendung der Wappen keine allgemeingültigen Regeln wie sie auszusehen hatten und wer sie tragen durfte. Erst allmählich bildeten sich heraldische Regeln heraus, die festlegten, wie Wappen gestaltet werden sollten. Ab dem 15. Jahrhundert entwickelte sich die Heraldik zunehmend zu einer theoretischen Wissenschaft.

Die Heraldik hat in der Vergangenheit keine neue Grundlagenforschung entwickelt. Daher muss auf die ältere Literatur zurückgegriffen werden. Derzeit gibt es aber Ansätze mittelalterliche Wappen aus der kulturhistorischen Pers-

1 Pastoureau, Heraldry, S. 14-19.
2 Filip, Heraldik, S. 19-23.

pektive neu zu bewerten, z. B. das Projekt „Performanz der Wappen“[3]. Diese Ansätze wurden berücksichtigt.

Zunächst ist es notwendig, einen Einblick über die Entstehung sowie die Grundregeln der Heraldik zu vermitteln. Weiterhin wird aufgezeigt, dass sich die Heraldik, trotz der sich im Spätmittelalter ausbreitenden Schriftlichkeit, parallel zur Schriftkultur weiterentwickelt hat. Unter Einbezug der neueren kulturhistorischen Ansätze wird aufgezeigt, dass durch die Weiterentwicklung der heraldischen Symbolik die visuelle Kommunikation erweitert wurde und das Wappen damit die Schriftlichkeit ersetzte. Gleichzeitig wird auf die zunehmende Komplexität der Gestaltungselemente der Wappen eingegangen.

Am Beispiel des Wappens der Vereinigten Herzogtümer Jülich – Kleve – Berg von 1521 soll aufgezeigt werden, wie territoriale Machtverhältnisse symbolisch dargestellt wurden und dass diese heraldische Symbolik die Schriftlichkeit ersetzte. Weiterhin wird der Frage nachgegangen, welche Bedeutung die Zeichen und Farben und deren Anordnung im genannten Wappen haben. Das Wappen der Vereinigten Herzogtümer beinhaltet die Zusammenführung unterschiedlicher Wappen aufgrund verschiedener politischer Neuordnungen von Herrschaftsgebieten. Die Beschreibung der Entwicklungsstufen des Wappens von 1521 erfolgt unter Einbezug des historischen Kontextes. Da nur die heraldische Symbolik dieser Wappen beschrieben wird, kann daraus keine Allgemeingültigkeit abgeleitet werden.

2. Entstehung und Grundregeln der Heraldik

Der Begriff der Heraldik umfasst die Wappenkunde, die Wappenkunst und das Wappenrecht und leitet sich von dem Wort „Herold“ ab. Die Wappenkunde als theoretische Heraldik beinhaltet die Regeln der Wappeninhalte und die Ausgestaltung der Wappenführung sowie die Entwicklung des Wappenwesens. Als praktische Heraldik wird die Wappenkunst bezeichnet. Sie befasst sich mit der heraldisch richtigen Darstellung der Wappen nach den Regeln der Wappenkunde. Das Wappenrecht beschreibt die rechtlichen Grundlagen zur Wappenführung und -verwendung.[4] Dieses wird in der Arbeit nicht weiter ausgeführt. Als historische Grundwissenschaft beschäftigt sich die Heraldik mit der Erforschung von Ursprüngen und Bedeutungen von Wappen und deren standardisierten Beschreibung, der Blasonierung. Die Heraldik dient dazu, Wappen als Quellen für die Geschichtswissenschaft zu erschließen.[5]

Der Entstehungszeitpunkt des Wappenwesens ist in der Forschung umstritten. Die ersten Wappen entstanden wohl mit den ersten Kreuzzügen (ab 1096) im 11. und 12. Jahrhundert, besonders bedingt durch die Verwendung der schon

3 Hiltmann, Grundwissenschaft, S. 303-310.
4 Leonhard, Wappenkunst, S. 13.
5 Hiltmann, Grundwissenschaft, S. 290.

genannten neuen Rüstungen, die eine eindeutige Kenntlichmachung der Streiter erforderte.[6] Der deutsche Historiker Josef Fleckenstein hingegen bestritt diesen Aspekt und sieht vielmehr in den im 12. Jahrhundert aufkommenden Ritterturnieren den entscheidenden Impuls für die Entstehung des Wappenwesens, da die Teilnehmer individuelle Unterscheidungsmerkmale benötigten.[7] Zwischen 1210 und 1230 verbreiteten sich die Wappen in ganz Mitteleuropa und erlebten ihre Blütezeit im Spätmittelalter (ca. 1250-1500).[8] Ab dem 16. Jahrhundert veränderte sich das Waffen- und Kriegswesen, so dass Wappen immer mehr ohne reales Pendant verwendet wurden. Diese Zeit bis hin zum 19. Jahrhundert wird auch „Verfallszeit der Heraldik" genannt. Daran schließt sich die „Moderne Heraldik" an, die zunächst einen Aufschwung durch die Reichsgründung 1871 erfuhr und danach in Form der kommunalen Heraldik.[9]

In der Anfangszeit waren die Wappen in ihrer Form und ihrem Inhalt nach recht willkürlich. Erst Mitte des 13. Jahrhunderts entstanden erste Regeln zur Gestaltung der Wappen. Es durften keine Zeichen mehr verwandt werden, die schon eine andere Familie oder Einzelperson beanspruchte. Diese Normierung führte dazu, dass sich das Wappen zum Gegenstand einer säkularen Ordnung entwickelte.[10] Erste Wappenbeschreibungen, die in einer Fachsprache verfasst wurden, sind aus dem 14. Jahrhundert überliefert. Die ersten Lehr- und Handbücher erschienen aber erst in der Frühen Neuzeit. Erst nach und nach etablierte sich die Heraldik zur der heute angewandten Hilfswissenschaft als Quelle für die Geschichtswissenschaft.[11]

Die Wappen zeigen nach bestimmten Grundsätzen auf dem Schild dargestellte Zeichen und Symbole. War anfangs die Darstellung allein auf den Schild beschränkt, gehörten ab dem 13. Jahrhundert auch der Helm mit Helmzier und die Helmdecke als Oberwappen zum sogenannten Vollwappen. Etwaige Prunkstücke ergänzten das Wappen. Der Schild war aber der wesentliche Bestandteil und ist für sich allein ein vollständiges Wappen. Die auf dem Schild aufgebrachten Zeichen und Symbole werden als Heroldsfiguren oder gemeine Figuren bezeichnet.[12] Schon in den Anfängen der Heraldik wurde auf eine klare und übersichtliche Gestaltung der Schilde geachtet. Heroldsbilder sind geometrische Figuren im Schild. Sie werden in Wechselwirkung mit den Farben oder Metallen des Schildes durch verschiedene Teilungslinien dargestellt. Unter gemeinen Figuren sind bildliche Darstellungen zu verstehen, insbesondere Lebewesen, Pflanzen, Gebäude oder Geräte. Sie werden stilisiert dargestellt.[13] Die heraldischen Farben werden Tinkturen genannt. Das Portfolio beschränkt

---

6 SCHEIBELREITER, Heraldik, S. 122 u. 123.
7 FLECKENSTEIN, Rittertum, S. 184.
8 DEPKAT, Kommunikationsgeschichte, S. 34.
9 BIEWER / HENNING, Wappen, S. 31f.
10 SCHEIBELREITER, Wappen, S. 17.
11 SCHEIBELREITER, Heraldik, S. 13-21.
12 SCHEIBELREITER, Heraldik, S. 9 u. 40.
13 FILIP, Heraldik, S. 25, 73-79.

sich dabei auf die Farben Rot, Blau, Schwarz und Grün sowie die Metalle Gold und Silber. Weitere Farben, wie etwa Purpur, spielen eine untergeordnete Rolle. Neben den Farben konnte Pelzwerk den Schild verzieren. Bei dem Einsatz der Tinkturen ist die heraldische Farbregel zu beachten: Auf Farbe folgt Metall, auf Metall folgt Farbe.[14]

Bei dem Helm und der Helmzier sowie der Helmdecke sind die heraldischen Regeln nicht so eng gefasst wie beim Schild. Die auf dem Helm angebrachten Verzierungen werden als Helmzier oder Helmkleinod beschrieben. Erst durch diese Ausstattung wird der Helm im heraldischen Sinne zum Bestandteil des Wappens. Bei der Helmzier sind der Phantasie keine Grenzen gesetzt. Die einfachsten Arten der Helmzier sind Federn, Flügel oder Hörner. Bestandteile können aber auch Tiere und Menschen oder deren Körperteile sowie Halbfiguren jeglicher Art sein. Die Helmdecken unterliegen ebenfalls den heraldischen Farbregeln. Durch die Aufspaltung und geschwungene Darstellung werden die Außen- und Innenflächen sichtbar, die dann im traditionellen Verhältnis von Farbe und Metall dargestellt werden.[15]

In der heraldischen Fachsprache werden die Wappen aus der Sicht des Schildträgers beschrieben, das bedeutet, dass die Seitenbezeichnung links und rechts gegensätzlich benutzt werden.

3. Wappensymbole und -zeichen als heraldisches Kommunikationsmittel

Die stilisierte Darstellung der Symbole und Zeichen in den Wappen ist die verschlüsselte Darstellung sozialer und herrschaftlicher Verhältnisse. Sie wird zusätzlich durch die Symbolwirkung der Tinkturen und Figuren unterstützt.[16]

Die wissenschaftliche Erforschung und Analyse verschiedenartiger Zeichensysteme, dem auch das Heraldische zuzuordnen ist, werden als Semiotik bezeichnet. Die Semiotik deutet ein Zeichen, als etwas, dass auf etwas anderes verweist und von jemandem als Zeichen verstanden wird. Zeichen sind unter anderem künstlich und werden benutzt, um etwas zu vermitteln. Künstliche Zeichen sind konventionell festgelegt. Das bedeutet, dass sich die Gemeinschaft auf einen Code verständigt hat, der den Zusammenhang von Form und Inhalt des Zeichens festlegt. Zu den Zeichen gehören auch die Symbole.[17] Symbole gelten als Bedeutungsträger, die eine Signalwirkung beinhalten. Diese Signalwirkung beruht auf der Gedankenassoziation des Betrachters. Der Begriff geht auf das griechische Verb „symballein" zurück und bedeutet „zusammenwerfen" oder auch „verbergen, verschlüsseln".[18] Symbole drücken etwas aus und besitzen

14 SCHEIBELREITER, Heraldik, S. 33-40.
15 SCHEIBELREITER, Heraldik, S. 96-108.
16 SCHEIBELREITER, Heraldik, S. 9 u. 10.
17 SMAIDA / EGGERT / HAHN, Handbuch, S. 32 u. 33.
18 BECKER, Symbolik, S. 5

dabei eine sinnlich erfassbare Form. Hierunter fallen unter anderem Mimik und Gestik, Rituale, aber auch Darstellungen auf Wappen. Es ist aber notwendig, ein Teil der Gemeinschaft zu sein, die den Code festgelegt hat. Nur so kann der Sinn- und Situationszusammenhang verstanden werden, um dann zu erkennen, welche Bedeutung Symbole haben.[19]

Das Projekt „Performanz der Wappen“ hat mittelalterliche Wappen aus kulturhistorischer Perspektive neu bewertet und ist der Frage nachgegangen, wie sich Wappen vom arbiträren Zeichen des 12. Jahrhunderts zu einem komplexen Zeichensystem zum Ende des Mittelalters entwickeln konnten. Dabei wurde betrachtet, in welcher Art und Weise mit Wappen kommuniziert werden konnte und wie die zeitgenössische Wahrnehmung war. Im Laufe der Untersuchung stellte sich heraus, dass die Kommunikationsfähigkeit der Wappen in ihrer Abstraktheit von Form und Farbe bestand. Es kommt somit nicht darauf an, dass Wappen konkrete Formen wiedergeben. Vielmehr müssen die heraldischen Farben, Formen und Figuren erkennbar sein, so dass die Wappen durch die Blasonierung eindeutig textlich beschreibbar sind. Die Weiterentwicklung der Heraldik ermöglicht komplexere Gestaltungsmöglichkeiten. Das Repertoire an Schildfiguren wird weiter ausdifferenziert, Oberwappen, Schildformen, Beizeichen (Brisuren) sowie Wappenkombinationen weiterentwickelt. Dies hat zur Erweiterung der heraldischen Kommunikation geführt.

Die Nachrichtenübermittlung der Wappen lässt sich in Anlehnung an die Linguistik auf zwei Ebenen beschreiben: die Syntax und Semantik im Wappenbild sowie die Pragmatik und den Kontext im tatsächlichen Kommunikationsakt. Die Wappenelemente beinhalten dabei die zu übermittelnde Nachricht und ergeben eine lexikalische Bedeutung. Im konkreten Kommunikationsakt, der mit dem Wappen vollzogen wird, kann diese Nachricht präzisiert oder erweitert werden. Wie diese Nachricht wirkt, hängt vom Vorwissen des jeweiligen Kommunikationsempfängers ab. Die Wahrnehmung kann daher bei gleicher Kommunikationssituation von Betrachter zu Betrachter unterschiedlich sein.[20]

Grundvoraussetzung für das Funktionieren der visuellen Kommunikation mittels Wappen ist der Konsens über die verwendeten Zeichen und ihrer Bedeutung, da Wappen nicht zu jeder Zeit und an jedem Ort das Gleiche bedeuteten. Um die Verlässlichkeit des heraldischen Zeichensystems zu garantieren, bedarf es Kundiger und Regeln. Mit dem Heroldsstand hatte sich ein hochspezialisierter Berufsstand herausgebildet, der Wappen nach bestimmten Regeln beschrieb, überprüfte und deutete. Unkundigen erklärte er den Bezug zwischen Zeichen und Bezeichnetem.

Die Herolde trugen damit beträchtlich zur Institutionalisierung des Wappenwesens bei.[21] Darauf basierend kam das Projekt „Performanz der Wappen“ zu dem Ergebnis, dass die Zahl derer, die Wappen und Wappendarstellungen lesen

---

19 Schwemmer, Symbole, S. 7.

20 Hiltmann, Grundwissenschaft, S. 303-314.

21 Eisenbeiss, Wappen, S. 99; Paravicini, Gruppe, S. 371; Achnitz, Wappen, S. 3.

und interpretieren konnte, nicht nur auf die Gruppe der Herolde beschränkt war. In unterschiedlichen Abstufungen kann die Kenntnis der Wappen und derer Kommunikationsmöglichkeiten als Allgemeinwissen der Zeit bezeichnet werden. Damit ist die Bedeutung der Wappen als Kommunikationsmittel höher zu bewerten, als dies bislang der Fall war. Im Wechselspiel der gesellschaftlichen und kulturellen Entwicklungen hat sich nicht nur die schriftliche, sondern parallel dazu auch die visuelle Kommunikation weiterentwickelt und ausdifferenziert.[22]

Allerdings ist zu beachten, dass die Bewegründe des Wappenführers bei der Gestaltung der Schildzeichen nicht hinreichend bekannt sind, so dass das Wappenbild nicht dauerhaften Bestand haben musste. Eine geänderte Weltanschauung oder geänderte gesellschaftliche Rahmenbedingungen konnten einen Symbolwandel hervorrufen. So waren Wappendarstellungen mal einfache Sinngebungen, ein anderes Mal eine komplizierte Botschaft. Reduziert man die Wappen auf ihre einigermaßen nachvollziehbare Bedeutung, lassen sich vier Symbolgruppen unterscheiden, deren Trennung nicht immer klar vollzogen werden kann: Redende Wappen zeigen Symbole und Zeichen, die im Zusammenhang mit dem Namen des Trägers stehen. Anspielende (allusive) Wappen stellen einen Bezug zum Träger her, indem sie auf Ansprüche, Ereignisse, Funktionen oder ähnliches hinweisen. Politische Wappen drücken eine Zugehörigkeit aus, wie beispielsweise zu einem Lehensverband oder ähnlichem. Die vierte Gruppe umfasst die symbolischen Wappen im engeren Sinne, die mehr oder weniger moralische oder gesellschaftliche Haltungen darstellen. Sie unterliegen aber einem Wandel, so dass ihre Symbolzeichen häufig nicht mehr eindeutig zuzuordnen sind.[23]

4. Beschreibung des Wappens der Vereinigten Herzogtümer Jülich – Kleve – Berg von 1521 mit Blasonierung

Das zu beschreibende Wappen Johanns III. von Kleve ist an verschiedenen Fundstellen verzeichnet. Die Abbildung 1 stammt aus Gustav Adalbert Seylers Veröffentlichung des Siebmachers großen und allgemeinen Wappenbuches aus dem Jahr 1916. Eine weitere Fundstelle ist das Lehensbuch des Kurfürsten Ludwig V. von der Pfalz aus dem Jahre 1892.[24]

Das dargestellte Wappen besteht aus fünf Einzelwappen, die nachfolgend zunächst allgemein beschrieben werden. Anschließend erfolgt die Blasonierung des Wappens. Eine Erklärung der einzelnen Wappensymbole erfolgt an späterer Stelle. Die Wappenabbildung ist in schwarz-weiß, so dass die Farben, wie üblich, durch zeichenhafte Andeutungen, wie verschiedene Punkte und Striche, dargestellt sind.[25]

22 Hiltmann, Grundwissenschaft, S. 308-314.
23 Scheibelreiter, Heraldik, S. 148-150.
24 Neuenstein, Lehensbuche, S. 7.
25 Scheibelreiter, Heraldik, S. 36.

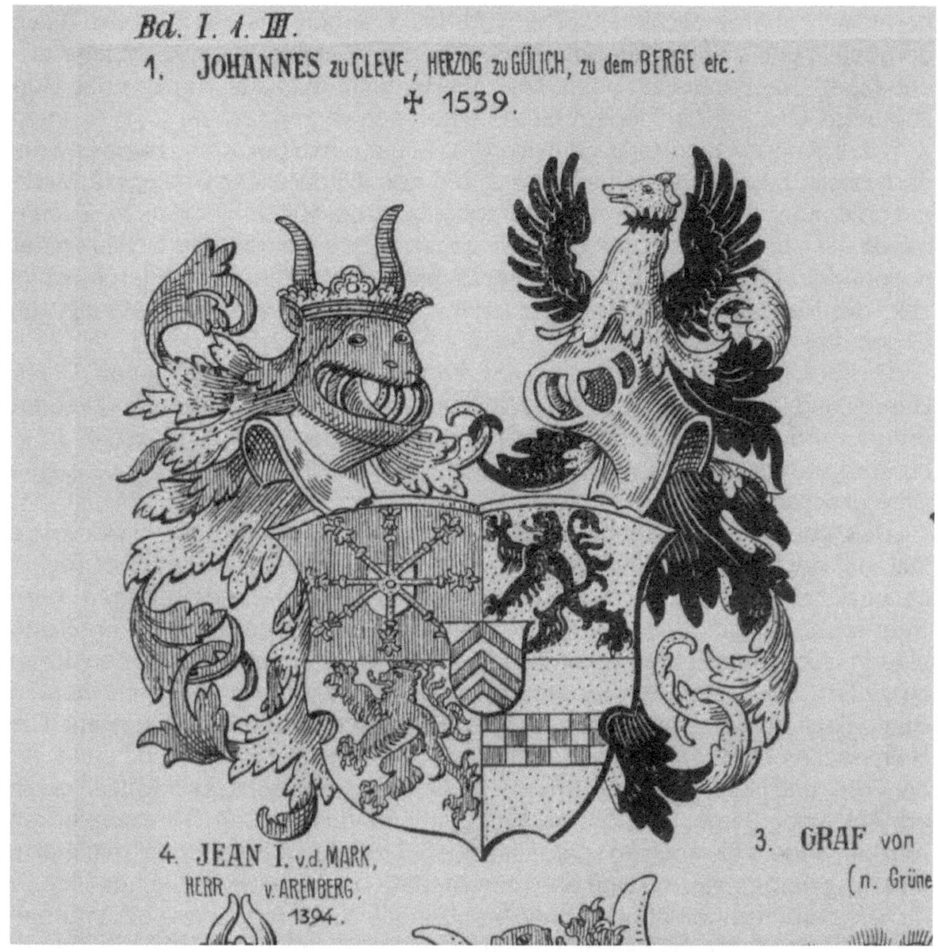

Abbildung 1: Das Wappen der Vereinigten Herzogtümer Jülich-Kleve-Berg 1521, aus: SEYLER, Gustav Adelbert: Siebmacher's großes und allgemeines Wappenbuch, Bd. 1, 1. Abt., 3. Teil, Tafel 53, Nr. 1.

Da das Wappen das persönliche und unverwechselbare Zeichen des jeweiligen Trägers ist, werden Veränderungen auf unterschiedliche Art dargestellt. Eine der möglichen Änderungen ist die Wappenbesserung. Das bedeutet, dass ein bestehendes Wappen aufgrund von Besitzvermehrung, durch Heirat, Erbfall etc. erweitert wird. Diese Erweiterung kann in Form der Wappenvereinigung vorgenommen werden und erfolgt am häufigsten als Wappenverschränkung. Dabei wird der Schild in so viele Felder geteilt, wie zu vereinigende Wappen vorhanden sind. Um die, wie in diesem Fall, notwendigen fünf Plätze für die Wappenverschränkung zu erreichen, wurde der Schild zunächst Geviert. Im heraldisch oberen rechten Viertel wird das Wappen des Herzogtums Kleve dargestellt und zeigt in Rot auf einem silbernen Schildchen eine goldene Lilienhaspel. Das heraldisch obere linke Viertel beinhaltet das Wappen des Herzogtums Jülich, auf goldenem Grund einen schwarzen Löwen. Rechts unten wird das Wappen des Herzogtum Berg, in Silber einen gekrönten roten Löwen, dargestellt. Letztlich erscheint links unten das Wappen der Grafschaft Mark, auf goldenem Grund ein dreireihiger rot-silbern geschachteter Balken. Zudem wurde die Überlagerung des Schildes genutzt, indem ein kleines Schild an der sogenannten Herzstelle platziert (Herzschild) wurde.[26] Im genannten Beispiel zeigt das Herzschild das das Wappen der Grafschaft Ravensberg, auf silbernen Grund drei rote Sparren.

Die Schildform des Wappens wird als Halbrundschild beschrieben. Diese Darstellung kann der Früh- und Hochrenaissance des 16. Jahrhunderts zugeordnet werden. Der Halbrundschild tritt bereits in der Hochgotik des 14. Jahrhunderts auf und verdrängte zunehmend die Form des bis dahin verwendeten Dreieckschildes.

Das Oberwappen zeigt zwei Helme, die die Herzogtümer symbolisieren. Es fällt auf, dass nur zwei der drei Herzogtümer dargestellt werden. Der rechte Helm bildet die Helmzier der Herzöge von Kleve ab und zeigt einen roten Stierhaupt mit goldener Krone, ein rot-silber geschachtetem Kronreif und blauen Hörnern. Auf dem linken Helm ist die Helmzier der Herzöge von Jülich zu sehen. Sie besteht aus einem goldenen Rüdenkopf mit einem schwarzen Stachelhalsband, der zwischen einem offenen schwarzen Adlerflug steht. Die Helmdecken sind rechts in Rot und Silber und links in Schwarz und Gold. Ab der Früh- und Hochrenaissance findet im Oberwappen fast ausschließlich der in der Abbildung dargestellte offene Spangenhelm Verwendung. Die Helmdecken werden, anders als noch im spätgotischen Stil des 15. Jahrhunderts, reichhaltig und füllig dargestellt und sind eher einem Blatt- oder Laubwerk nachgebildet.[27]

Wie bereits angeführt erfolgt die standardisierte Beschreibung der Wappen durch die Fachsprache des Blasonierens (unter Blasonierung ist die Beschreibung des Wappens oder einzelner Wappenteile nach heraldischen Regeln zu verstehen). Aufgabe des Blasonierens ist es, das Wappen so zu beschreiben, dass es auch ohne eine Abbildung zu erkennen ist. Alles heraldisch Übliche und Selbstverständliche wird fachsprachlich nicht „gemeldet". Sind in dem Schild mehrere Wappen vereinigt, wird als Erstes die Schildteilung, wie geteilt, gespalten oder geviert gemeldet und als Zweites jedes Feld blasoniert. Auch im gevierten Schild gilt beim Blasonieren die Regel von rechts nach links, von oben nach unten. Jedes Viertel besitzt dabei eine unterschiedliche Wertigkeit. Beim Blasonieren beginnt man mit dem vornehmeren, oben rechts, dann mit dem zweiten, oben links, usw. Wiederholt sich ein Wappen in zwei Vierteln, werden diese zusammengefasst blasoniert. Das Herzschild wird entweder vor

---

26 Scheibelreiter, Heraldik, S. 31, 32, 119-121.
27 Leonhard, Wappenkunst, S. 87-94.

dem Hauptschild oder danach gemeldet. Anschließend wird das Oberwappen blasoniert.[28]

Das Wappen der Vereinigten Herzogtümer Jülich – Kleve – Berg von 1521 ist wie folgt zu blasonieren:

Im gevierten Schild: in 1 in Rot auf silbernem Schildchen eine goldene Lilienhaspel, in 2 in Gold ein schwarzer Löwe, in 3 in Silber ein roter, gekrönter Löwe und in 4 in Gold ein von drei Reihen rot-silber geschachteter Balken. Im silbernen Herzschild drei rote Sparren.

Zwei Helme: Über dem 1. Helm gezogen ein roter Stierhaupt, goldgekrönt, mit rot-silber geschachtetem Kronreif und blauen Hörnern. Auf dem 2. Helm zwischen offenem, schwarzen Adlerflug ein goldener Rüdenkopf mit schwarzem Stachelhalsband.

Die Helmdecken, rechts in Rot und Silber, links in Schwarz und Gold.

Unter Einbeziehung der Wappenbilderordnung lassen sich noch Variationen einer korrekten Blasonierung finden. So werden die Sparren dort als Drillingssparren oder als gesparrt bezeichnet.[29] Etwaige Unterschiede in der Blasonierung lassen sich zum einen auf die große Anzahl an Heroldsbildern und gemeinen Figuren und zum anderen auf die verschiedenen Übersetzungen zurückführen, da die heraldische Fachsprache sich zunächst in Frankreich etablierte und die deutschen Begriffe aus dem Französischen hergeleitet wurden.

5. Ursprung, Entwicklung und heraldische Bedeutung des Wappens

Im Lauf der Zeit verlieren die Wappen ihren unmittelbaren Bezug zum Kriegswesen. Es erfolgt daher ein Wandel vom Erkennungszeichen hin zu einem Symbol von Familien- und Verwandtschaftsverhältnissen, wie auch von Besitz- und Machtverhältnissen. Die Wappen werden zum Kennzeichen des Herrschaftsbereiches.[30] Machtverhältnisse werden durch die symbolische Kommunikation von Wappen zum Ausdruck gebracht. Um etwaige Veränderungen darzustellen, bedient man sich der heraldischen Zeichensprache und ihrer Praktiken.[31] Die kontinuierliche Wappenführung der mittelalterlichen Adelsfamilien zeigt zudem auch eine neue Herrschaftsorganisation auf. Das Adelsgeschlecht ist jetzt an einen Stammsitz gebunden. Name und Titel werden anschaulich in heraldischen Zeichen dargestellt. Das Wappen repräsentiert fortan auch die Einheit und Autorität einer Dynastie.[32] Der Besitz- oder Ländererwerb oder auch die

---

28 Oswald, Heraldik, S. 68, 69 u. 259; Heimann, Einführung in die Heraldik, Skript Nr.1, S. 5; Skript Nr. 3, S. 5 u. 6.

29 Arndt / Seeger / Müller-Westphal, Wappenbilderordnung, S. 80-83.

30 Hartmann, Tiere, S. 148-150; Fehrenbach, Symbole, S. 310.

31 Weber, Sprache, S. 559.

32 Hartmann, Literarischer Heraldik, S. 34.

Erhebung von Besitzansprüchen wird heraldisch durch eine Wappenvereinigung dargestellt.[33]

Das Wappen der Vereinigten Herzogtümer Jülich – Kleve – Berg von 1521 ist aus den Vereinigungsprozessen Kleve-Mark, Berg-Ravensberg und Jülich-Berg unter anderem aufgrund ehelicher Verbindungen und den daraus resultierenden Erbfolgen entstanden. Diese Vereinigungen werden in dem Wappen abgebildet und kommunizieren den Zeitgenossen die vorhandenen territorialen Machtverhältnisse. Nachfolgend werden unter kurzem Einbezug des historischen Kontextes diese Vereinigungen aufgezeigt und die jeweilige heraldischen Bedeutung der daraus resultierenden Wappen beschrieben. Für den historischen Kontext werden die familiären und verwandtschaftlichen Verbindungen herangezogen und beschrieben, die im engeren Zusammenhang mit den Territorialvereinigungen von Bedeutung sind.

5.1 Die Grafschaft Kleve – Mark (1332 – 1391)

Die Grundlage für die Vereinigung der beiden Grafschaften wurde bereits im März 1332 gelegt. Adolf II. von der Mark (1328-1347)[34] wurde mit Margarete von Kleve, der ältesten Tochter des Grafen von Kleve, Dietrich IX. (1311-1347), vermählt. Das Vermählungsdatum ist aufgrund unterschiedlicher Quellen in der Forschung umstritten, so dass einige Historiker und Historikerinnen die Heirat vor 1332 datieren.[35] Im Jahre 1333 beschloss Dietrich IX. im Todesfall die Grafschaft an seine beiden Töchter aufzuteilen. Adolf II., als Ehemann der ältesten Tochter, wäre damit die halbe Grafschaft zugefallen, da Dietrich ohne männliche Erben geblieben war. Dieser Fall trat aber nicht ein, da Adolf kurz vor seinem Schwiegervater verstarb. Dietrichs Bruder Johann (1347-1368) setzte sich im Kampf um das Erbe in Kleve erfolgreich gegen die Ansprüche seiner Nichte Margarete durch und berief sich dabei auf eine mit Dietrich im Jahr 1318 geschlossene Erbvereinbarung.

Die zweite Chance auf den Thron der Grafschaft Kleve ergab sich für die Märker im Jahr 1368. Johann von Kleve verstarb ohne einen legitimen Erben. Da kein festes Erbrecht vorlag, kämpften mehrere Anwärter um das Erbe. Gewinner dieser Auseinandersetzungen war Adolf III. von der Mark (1368-1394), der zweitälteste Sohn Margaretes. Adolf wurde der erste märkische Graf von Kleve. Für diese Regentschaft gab er seine geistlichen Ämter auf. Die Rückkehr in den weltlichen Stand und die künftige Aufteilung Kleves wurde aber schon Ende 1362 mit seinem älteren Bruder Graf Engelbert III. (1347-1391), seit dem Tod Adolfs II. . Graf von der Mark, bei einem Treffen in Kloster Cappenberg (heute Teil der Stadt Selm im Kreis Unna) besiegelt. Als 1391 Engelbert. ohne

33 Scheibelreiter, Heraldik, S. 119-121.

34 Bei den in Klammern gesetzten Jahreszahlen handelt es sich um die jeweiligen Regentschaftsjahre. Grote, Stammtafeln, S. 165-169, 183-185.

35 Pätzold, Graf Adolf II., S. 111-121.

männliche Erben verstarb, wurde Adolf auch Graf von der Mark. Er führte die Grafschaften in Personalunion.[36]

Abb. 2: Wappen des Herzogtum Kleve und der Grafschaft Mark, aus: Wernigeroder (Schaffhausensches) Wappenbuch, Süddeutschland (4. Viertel 15. Jh.), S. 11, Scan 8.

Adolf hat diese territoriale Vereinigung in Form des Allianzwappen (vgl. Abb. 2) zum Ausdruck gebracht.[37] Allianzwappen gehören zu den Wappenvereinigun-

---

36 Preuss, Heiraten, 133-135; Kümper, Adolf der III., S. 251-275; Pätzold, Graf Adolf II., S. 133-136.

37 Kümper, Adolf der III., Siegel Adolfs, S. 86.

gen und zeigen die nebeneinander gestellten Wappen zweier Territorien, die in Personalunion regiert werden.[38] Die Abbildung 2, die nach dem Zeitpunkt entstand als Kleve Herzogtum wurde (1417), zeigt rechts das Wappen von Kleve, links das der Grafschaft Mark. Die Helme sind zueinander gewandt, als Ausdruck der Höflichkeit und der Allianz. Das Wappen von Kleve beinhaltet die Lilienhaspel auf rotem Grund. Heraldisch wird die Lilie stark stilisiert dargestellt und hat oftmals mit der natürlichen Form der Pflanze nichts gemein. Die Lilienhaspel wird auch als Lilienzepterstern oder Karfunkelstern bezeichnet. Die Karfunkeln sind eine typische Verstärkung des Schildes, die heraldisch allein bestehen kann oder zu einem bereits bestehenden Wappen hinzugefügt wird. Im Wappen von Kleve wurde die Lilienhaspel erst nach dem 13. Jahrhundert als persönliches Ornament hinzugefügt, bis zu dieser Zeit war das silberne Schildchen auf rotem Grund das Familienwappen.[39] Das Oberwappen zeigt auf dem Helm ein gekröntes goldenes Stierhaupt mit roten Hörner. Im Wappen der Grafschaft Mark ist der Schachbalken in silber-rot dargestellt. Auf dem Helm ist auf einer rot-silbernen Wulst eine Krone mit goldenem, geschlossenen Adlerflug zu sehen.

Adolf hat das Wappen von Kleve auf der heraldisch vornehmeren rechten Seite geführt. Er hat damit seine persönliche Wertigkeit der Grafentitel kommuniziert. Den Grafentitel in Kleve hat er höher angesehen als den seiner Heimatgrafschaft Mark. Aus der spärlichen Quellenlage seiner Regierungszeit als Graf von Kleve und Mark geht zudem hervor, dass er den klevischen Titel stets an erster Stelle geführt hat.[40]

5.2 Die Herzogtümer Jülich – Berg, die Grafschaft Ravensberg (1346-1423)

Graf Wilhelm V. von Jülich (1329-1361), ab 1356 Herzog[41], war bestrebt, sein Territorium stetig zu erweitern und Ansprüche für die Familie zu sichern. So war er Urheber für die Heirat 1336 seines Sohnes Gerhard mit Margarete von Ravensberg. Margarete war die Tochter Ottos IV. von Ravensberg (1306-1329). Nach seinem Tod übernahm sein Bruder Bernhard (1329-1346) die Grafschaft. Bernhard, der mehrere geistliche Ämter bekleidete, verstarb 1346 kinderlos. Margarete wurde rechtmäßige Erbin der Grafschaft und Gerhard dadurch Graf von Ravensberg. Margarete war aber auch die Schwestertochter (Nichte) Graf Adolf VI. von Berg (1308-1348). Da sich abzeichnete, dass er kinderlos bleiben würde, ließ Wilhelm von Kaiser Ludwig IV. für sich, seinen Sohn Gerhard und dessen Frau die Belehnung der Grafschaft Berg für den Todesfall absichern.

---

38 SCHEIBELREITER, Heraldik, S. 119.
39 GALBREATH / JEQUIER, Heraldik, S. 30, 32 u. 38.
40 KÜMPER, Adolf der III., S. 275-277.
41 Ab 1380 wurde auch Berg Herzogtum.

Als 1348 der Erbfall eintrat, folgte Gerhard als Graf von Berg (1348-1360) und begründete die Linie Jülich-Berg. Eine Vereinigung mit Jülich kam aber zunächst nicht zustande, da Gerhard ein Jahr vor seinem Vater verstarb. In der Folgezeit erweiterte das Herzogtum Jülich unter anderem durch Heirat und Erbfall sein Territorium. So kam das Herzogtum Geldern in den Jülicher Besitz. In dem mittlerweile auch Herzogtum Berg war man darauf bedacht, durch eine strategische Erwerbspolitik die Enklaven aus dem Territorium zu beseitigen. Mit dem Tod Herzog Rainalds IV. (1402-1423) starb das Haus Jülich, seit 1371 in Jülich und Geldern herrschend, aus.

Da Jülich die Erbfolge der bergischen Linie des Hauses anerkannte, wurde Herzog Adolf von Berg (1423-1437) neuer Regent und vereinigte die Herzogtümer Jülich und Berg sowie die Grafschaft Ravensberg, die ihm 1395 von seinem Vater übertragen worden war. Adolf gelang es bis zu seinem Tode nicht, auf Geldern zuzugreifen, da die Stände dort Arnold von Egmond zum Herzog wählten. Dieser Erbstreit wurde erst nach einem über einhundert Jahre andauernden, immer wieder aufflammenden Krieg gelöst.[42]

Abbildung 3: Das Wappen Jülich-Berg-Ravensberg, aus: GRÜNENBERG, Konrad: Das Wappenbuch Conrads von Grünenberg, Ritters und Bürgers zu Constanz, Bayern, 1602 – 1604, S. 108, Scan 226.

Die Abbildung 3 zeigt im gevierten Schild in 1 und 4 das Wappen von Jülich, in 2 und 3 das Wappen von Berg. Das Herzschild beinhaltet das Ravensberger Wappen. Auffällig ist, dass das Wappen nicht den Anspruch auf das Herzogtum Geldern manifestiert.

In den Wappen von Jülich und Berg wird jeweils ein Löwe geführt. Der Löwe war im Mittelalter die am häufigsten verwendete Wappenfigur. Er symbolisierte das königliche Tier, dass gefährlich und aggressiv, aber auch großzügig und großmütig sein konnte. Außerdem stellte er Eleganz und Gewaltigkeit dar und war zudem das Symbol für

42 KRAUS, Jülich, S. 41-51; ANDERNACH, Entwicklung, S. 63-73; JANSEN, Kleve, S. 28-35.

die Christen. Neben der symbolischen Bedeutung wird dem Löwen auch eine politische zugeschrieben, wenn gleich sich der Nachweis schwierig gestaltet. Die immer selbstbewusster werdende Fürstenmacht des römisch-deutschen Reiches bediente sich der Löwensymbolik um sich vom Kaiser, der den Adler im Wappen trug, bildlich abzugrenzen. Als König der Vierfüßer war der Löwe allein in der Lage, dem König der Lüfte, dem Adler, Paroli zu bieten.

Aufgrund der Beliebtheit des Löwen als Wappentier war es notwendig, sich von anderen Adelsgeschlechtern, die in ebenfalls im Wappen führten, abzugrenzen. Nur dadurch war es möglich, das eigene Wappensymbol eindeutig und unverwechselbar gegenüber der Konkurrenz zu kommunizieren. Unterscheidungen in der Darstellung ergaben sich durch die Position des Löwen im Schild sowie seiner Farbe. Später kamen weitere Unterscheidungsmerkmale, wie Krone, Waffen und andere Gegenstände hinzu. Der heraldische Löwe wird stilisiert in aufrechter Profilhaltung dargestellt. Diese Position ist üblich und muss nicht gemeldet werden. Die Ausgestaltung der Figur unterliegt einem Formwandel in den einzelnen Stilepochen und war im Mittelalter noch nicht so ausgeprägt wie in der frühen Neuzeit.[43]

Die Abbildung 3 zeigt die Löwen von Jülich und Berg in der heraldisch üblichen Position. Sie unterscheiden sich nur durch die Farbgebung. Anders als in der Abbildung 1 wird der bergische Löwe hier nicht gekrönt dargestellt. Aus der Platzierung der Wappen auf dem Schild lässt sich die Vermutung ableiten, dass Herzog Adolf von Berg dem Jülicher Herzogtitel den Vorrang gegeben hatte. Das Jülicher Wappen steht auf der heraldisch vornehmeren Seite, während das Wappen des Stammhauses links platziert ist. Das Herzschild weist auf die Regentschaft in der Grafschaft Ravensburg hin und wird von den Herrscherhäusern, in deren Besitz sie sich befindet, im Wappen mitgeführt. Im Oberwappen werden die der beiden Herzogtümer zusammengeführt. Auch hier befindet sich auf der vornehmeren Seite die Helmzier und Helmdecken von Jülich. Die Helmzier von Berg zeigt auf dem Helm eine rote Krone mit Pfauenspiegel, die Helmdecken sind in Rot und Silber.

5.3 Die Vereinigung der Herzogtümer Jülich – Kleve – Berg im Jahr 1521

Im Verlauf des 15. Jahrhunderts gab es zwischen den Herzogtümern Kleve-Mark sowie Jülich-Berg keine nennenswerten Rivalitäten oder Interessenkonflikte. Bestand zwischen den Herzogtümern anfangs eine gleichgültige oder wohlwollende Neutralität, kam es im Lauf der Zeit zu gegenseitigen Bündnissen. Diese Bündnispolitik legte den Grundstein für den Heirats- und Unionsvertrag von

43 SCHEIBELREITER, Tiersymbolik, S. 12; SCHEIBELREITER, Wappen, S. 19-23; SCHEIBELREITER, Heraldik, S. 48; NEUDECKER, Heraldik, S. 110-113 u. 214-217.

1496.[44] Dieser Vertrag vom 26. November 1496 enthielt die „Eheberedung“, die Wilhelm IV. von Jülich-Berg (1475-1511) und Johann II. von Kleve (1481-1521) schlossen. Wilhelms Tochter Maria sollte den Klever Jungherzog Johann III. heiraten. Zudem wurde die künftige Vereinigung der Länder festgelegt. König Maximilian I. stimmte diesem Vertrag zu und widerrief zugleich die Zusage der Lehnsanwartschaft Sachsens für die Herzogtümer Jülich und Berg aus dem Jahr 1483. Kaiser Friedrich III. hatte aufgrund der Unterstützung im Burgundischen Erbfolgekrieg dem Herzog Albrecht von Sachsen die Nachfolge von Jülich-Berg versprochen. Maximilian bestätigte 1493 nochmals dieses Versprechen.

Im Jahr 1510 fand in Düsseldorf die Vermählung des Brautpaares statt. Bereits ein Jahr nach der Heirat trat der Jungherzog die Nachfolge in Jülich-Berg an, da sein Schwiegervater verstarb. Sachsens Versuche, Johann die Nachfolge streitig zu machen, blieben erfolglos. 1521 wurde Johann durch den Tod seines Vaters auch Nachfolger in Kleve-Mark.[45] Er vereinigte die Herzogtümer Jülich und Berg, die Grafschaft Ravensberg, das Herzogtum Kleve und die Grafschaft Mark unter märkischer Vorherrschaft und bildete einen bedeutenden territorialen Verbund, der sich von Westfalen bis zum Niederrhein erstreckte.[46]

Johann III. führte das Wappen bereits ab 1511, obwohl der Erbfall in Kleve-Mark erst zehn Jahre später eintrat. Verschiedenste Münzen der Zeit, Goldgulden 1511 und Taler 1513, weisen eine entsprechende Prägung mit dem in Abbildung 1 gezeigten Wappenschild auf.[47] Aufgrund der unsicheren Erbfolge ist es wahrscheinlich, dass Johann das Wappen als Anspruchswappen benutzt hat, um seine Ansprüche auf Jülich-Berg und Kleve-Mark zu dokumentieren und dies gegenüber etwaigen Gegnern zu kommunizieren. Diese Frage lässt sich an dieser Stelle nicht abschließend beantworten. Mit der Gestaltung des Wappens hatte Johann schon vor 1521 festgelegt, dass das Herzogtum Kleve in dem territorialen Verbund für ihn eine Vorrangstellung einnahm.

Wie oben beschrieben, ist das Klever Wappen an der heraldisch bedeutsameren Seite platziert. Im Herzschild wird das Ravensberger Wappen geführt. Das Oberwappen führt die der Herzogtümer Kleve und Jülich zusammen, während das des Herzogtum Berg nicht verwandt wird. Die Helmzier Kleves wird auf der heraldisch wertvolleren Seite gezeigt und vermittelt zudem den Hinweis auf die märkische Abstammung des Regenten. Auf dem roten Stierhaupt wird die Krone mit einen rot-silbern geschachteten Kronreif belegt. Der Bibliothekar und Heraldiker Gustav Adelbert Seyler benutzt hier die Begriffe märkische Krone und märkischer Schachbalken.[48] Die Helmzier von Jülich und die jeweiligen Helmdecken der Herzogtümer werden in der schon beschriebenen Form dargestellt.

---

44 Jansen, Kleve, S. 28-35.

45 Lacomblet, Urkundenbuch, Bd. 4, Nr. 474; Preuss, Heiraten, S. 136 u. 137.

46 Marra, Allianzen, S. 74-77.

47 Historisches Museum, Frankfurt, Onlinesammlung: https://historisches-museum-frankfurt.de/de/node/79682 (letzter Abruf: 18.06.2024).

48 Seyler, Siebmacher's Wappenbuch, Bd. 1, 1. Abt., 3. Teil, S. 36 u. 37.

5.4 Die Bedeutung der Farben in den einzelnen Wappenteilen

Erfahrungen und Erinnerungen, wie auch Gefühle, werden mit einzelnen Farben in Verbindung gebracht. Farben haben aber auch eine symbolische Wirkung, da ihnen Begriffe zugeordnet werden können, die keine reale Farbe besitzen. Diese Zuordnung erfolgt meistens aufgrund von jahrhunderteralter Überlieferung und der Verallgemeinerung. Eine besondere Symbolkraft besitzen Farben im politischen Bereich. Wappenfarben repräsentieren herrschende Dynastien.[49]

Schon mit der Entstehung der Heraldik wurde versucht, die Wappenfarben analog der sozialen Ordnung des Mittelalters hierarchisch darzustellen. Insbesondere weil Wappen zunehmend eine soziale Bedeutung erlangten, sollte dies auch in der Tinktur der Wappen Berücksichtigung finden. Allerdings nahmen die verschiedenen Ansätze dieser Farbdeutungen keine sichtbaren Einflüsse auf die Heraldik. Zwar sind alle Farben heraldisch gleichwertig, es bildeten sich aber schon früh Rot und Gold als Vorzugsfarben heraus.[50] Die Farbbevorzugungen in den einzelnen Epochen oder deren regionale Verbreitung wird an dieser Stelle nicht weiter erörtert. Nachfolgend wird aber der Frage nachgegangen, in welcher Weise die Farben in den Wappen eine Symbolbedeutung haben.

Reine Farbstoffe waren im Mittelalter wertvoll, da ihre Beschaffung recht aufwändig war. Nur die Oberschicht war in der Lage, sich mit diesen Stoffen auszustatten. Durch die Präsentation dieser knappen Ressourcen wurde der exklusive Herrschaftsanspruch untermauert. Das reine Rot war somit überwiegend dieser Oberschicht vorbehalten. Rot war zu der Zeit nicht nur die teuerste Farbe, sondern sie drückte auch im besonderen Maße Stärke und Macht aus.[51] Diese Eigenschaften lassen sich auf das Wappen des Herzogtums Kleve übertragen. Die farbliche Ausgestaltung des Oberwappens, der Stierkopf in Rot, verstärkt die Eigenschaft dieses Wappentieres. Dadurch werden insbesondere Mut und Kampfeswille, aber auch Bodenständigkeit und Festigkeit, vermittelt.[52]

In den anderen Wappenteilen finden sich Gold und Silber als Grundtinktur. Nach den heraldischen Farbregeln muss ein Wappen immer ein Metall, Silber oder Gold, enthalten. Letzteres zeugt von einem höheren Rang in der Gesellschaftshierarchie, da Gold als besonders macht- und wertvoll gilt und Reichtum symbolisiert.[53] Das Jülicher Wappen ist in Gold dargestellt. Dadurch könnte das Herzogtum im Rang höher angesehen werden als das Herzogtum Berg, das eine silberne Grundtinktur im Wappen führt. Es gibt allerdings Wappendarstellungen, in denen aufgrund der Grundtinktur die Herzogtümer gleichgestellt werden. Der Sammelband mehrerer Wappenbücher von 1530 enthält das Wappen der Herzogtümer Jülich-Berg, in dem alle Felder eine silberne Tinktur aufweisen.[54]

---

49 HELLER, Farben, S. 12-14.

50 SCHEIBELREITER, Heraldik, S. 31-40; OSWALD, Heraldik, S. 395.

51 SCHÜLER, Farben, S. 32.

52 BECKER, Symbole, S. 289; BIEDERMANN, Symbole, S. 427 u. 428.

53 HELLER, Farben, S. 181-194.

54 SAMMELBAND mehrerer Wappenbücher, S. 272, Scan 545.

Für das Verhältnis der Grafschaften Mark und Ravensberg gilt ebenfalls, dass aufgrund der goldenen Tinktur des märkischen Wappens ein Vorrang gegenüber Ravensberg gesehen werden kann.

6. Fazit

Zusammenfassend lässt sich sagen, dass mittelalterliche Wappen Kommunikationsmittel waren, um bestimmte Informationen, wie territoriale Machtverhältnisse, zu übermitteln. Diese Kommunikation erfolgte mittels der stilisierten Darstellung der Symbole und Zeichen in den Wappen, so dass heraldische Formen, Figuren und Farben erkennbar und eindeutig textlich zu beschreiben waren. Die Weiterentwicklung der Heraldik ermöglichte es, Wappen komplexer zu gestalten und Schildfiguren weiter zu differenzieren. Das heraldische Zeichensystem führte dazu, dass auch schriftunkundige Zeitgenossen*innen in der Lage waren, diese Zeichen und Symbole zu deuten und zu verstehen. Somit kommen den Wappen in der mittelalterlichen Kommunikation eine größere Bedeutung zu als bislang angenommen. Die mittelalterliche Gesellschaft hat nicht nur die schriftliche, sondern parallel dazu auch die visuelle Kommunikation mittels Wappen und anderen Bildern weiterentwickelt. Diese visuelle Informationsübermittlung ersetzte die Schriftlichkeit.

Allerdings ist auch festzustellen, dass die Heraldik noch eine große Anzahl von Forschungsmöglichkeiten offenhält. Bisher unerforschtes Quellenmaterial kann dabei Auskunft über historische Entwicklungen geben. So ist die Frage nach der Entstehung der Heraldik, wie auch die Entwicklung dieses komplexen Zeichensystems noch nicht endgültig geklärt. Forschungen zu bevorzugten heraldischen Farben und Figuren in den verschiedenen Epochen, zu geographischen Gebieten oder sozialen Gruppen, können neue Erkenntnisse in der Sozial- und Kulturgeschichte mit sich bringen. Mit der Erforschung einzelner Wappen lässt sich allerdings nicht die Bedeutung und der Umfang der Heraldik aufzeigen, da dies nur anhand einer Vielzahl von zu untersuchenden Wappen möglich ist. Erst dann ist die Entstehungsgeschichte, die Entwicklung und das Regelwerk des Wappenwesens zu verstehen und zu vermitteln.

Dabei ist zu beachten, dass diese Forschungen multiperspektivisch und interdisziplinär erfolgen, um den größtmöglichen Erkenntnisgewinn zu erzielen. Zwar steht im Fokus die Geschichtswissenschaft, die die historischen Zusammenhänge aufzeigt. Aber soziale und psychologische Aspekte sind ebenfalls zu beachten. In der Heraldik geht es zum einen um das Zusammenwirken von Individuen oder sozialen Gruppen, zum anderen um die Persönlichkeitsbildung, die durch Symbole und Zeichen zum Ausdruck gebracht werden. Die Heraldik ist aber auch aufgrund ihrer Wappenkunst, ihrer eigenen Regeln und der medialen Wirkung der Wappen in die Kunst- und Literaturwissenschaft mit einzubeziehen. Trotz einer interdisziplinären Zusammenarbeit kann nur das erforscht werden, was historische Quellen aufzeigen. Ein gesichertes Wissen, was das Wappen an Symbolik ausdrücken soll, liegt erst dann vor, wenn dieses vom Wappenträger verschriftlicht und bis in die Gegenwart erhalten wurde. Ansonsten bleibt es bei Deutungsversuchen, wie auch die vorgenommene Deutung der Symbolik des Wappens der Vereinigten Herzogtümer von Jülich – Kleve – Berg von 1521 nur eine der verschiedenen Deutungsmöglichkeiten darstellt. Die erfolgte Deutung beruht auf den im Text genannten Wissenschaftlerinnen und Wissenschaftlern, beinhaltet aber keinen Anspruch auf Vollständigkeit oder Richtigkeit.

7. Quellen- und Literaturverzeichnis

QUELLEN

GRÜNENBERG, Konrad: Das Wappenbuch Conrads von Grünenberg, Ritters und Bürgers zu Constanz - BSB Cgm 9210 [S.l.] Bayern, 1602 – 1604.
URN: urn:nbn:de:bvb:12-bsb00034952-9 (letzter Abruf: 18.06.2024)

LACOMBLET, Theodor J. (Hg.): Urkundenbuch für die Geschichte des Niederrheins oder des Erzstifts Cöln, der Fürstenthümer Jülich und Berg, Geldern, Meus, Cleve und Mark, und der Reichsstifte Elten, Essen und Werden, Bd. 4. Düsseldorf 1858.
PURL: https://nbn-resolving.de/urn:nbn:de:hbz:5:1-480 (letzter Abruf: 18.06.2024)

SAMMELBAND mehrerer Wappenbücher - BSB Cod.icon. 391[S.l.] Süddeutschland (Augsburg?), um 1530.
URN: urn:nbn:de:bvb:12-bsb00007681-8 (letzter Abruf: 18.06.2024)

Wernigroder (Schaffhausensches) Wappenbuch - BSB Cod.icon. 308 n ([S.l.] Süddeutschland (4. Viertel 15. Jh.).
URN: urn:nbn:de:bvb:12-bsb00043104-6 (letzter Abruf: 18.06.2024)

LITERATUR

ACHNITZ, Wolfgang: Mittelalterliche Wappen als Zeichen, Vorbemerkungen, in: Das Mittelalter 11 (2006), S. 3-4.

ANDERNACH, Norbert: Entwicklung der Grafschaft Berg, in: Städt. Museum Haus Koekhoek (Hg.): Land im Mittelpunkt der Mächte. Die Herzogtümer Jülich-Kleve-Berg. Kleve [2]1984, S. 63-73.

ARNDT, Jürgen / SEEGER, Werner / MÜLLER-WESTPHAL, Lothar: Wappenbilderordnung. Neustadt an der Aisch 1986.

BECKER, Udo: Lexikon der Symbolik. Freiburg [7]2006

BIEDERMANN, Hans: Knaurs Lexikon der Symbole, Über 600 Abbildungen, Illustrationen: Sibylle Biedermann, genehmigte Lizenzausgabe. Augsburg 2000.

BIEWER, Ludwig / HENNING, Eckart: Wappen. Handbuch der Heraldik. Köln – Weimar – Wien 2017.

DEPKAT, Volker: Kommunikationsgeschichte zwischen Mediengeschichte und der Geschichte sozialer Kommunikation. Versuch einer konzeptionellen Klärung, in: SPIESS, Karl-Heinz (Hg.): Medien der Kommunikation im Mittelalter. Wiesbaden 2003, S. 9-48.

EISENBEISS, Anja: Wappen und Bilder im Diskurs. Das Beispiel der Habsburger, in: Das Mittelalter 11 (2006), S. 98-120.

FLECKENSTEIN, Josef: Rittertum und ritterliche Welt. Berlin 2002.

FEHRENBACH, Elisabeth: Über die Bedeutung politischer Symbole im Nationalstaat, in: Historische Zeitschrift 213 (1971), S. 296-357.

FILIP, Vaclav Vok: Einführung in die Heraldik. 2. überarbeitete und erweiterte Auflage, Stuttgart 2011.

GALBREATH, Donald L. / JEQUIER, Leon: Handbuch der Heraldik. Augsburg 1990.

GROTE, Hermann: Stammtafeln europäische Herrscher- und Fürstenhäuser. Leipzig 1877, Reprint Holzminden 1998.

HARTMANN, Heiko: Tiere in der historischen und literarischen Heraldik des Mittelalters. Ein Aufriss, in: OBERMAIER, Sabine (Hg.): Tiere und Fabelwesen im Mittelalter. Berlin – New York 2009, S. 147-180.

HARTMANN, Heiko: Grundformen literarischer Heraldik im Mittelalter am Beispiel der „Krone“ Heinrichs von dem Türlin, in: Das Mittelalter 11 (2006), S. 28-52.

HEIMANN, Claudia: FernUni Hagen, Praxis Seminar Geschichte – Einführung in die Heraldik [Skripte].

HELLER, Eva: Wie Farben wirken. Farbpsychologie, Farbsymbolik, kreative Farbgestaltung. Hamburg [5]2009.

HILTMANN, Torsten: Zwischen Grundwissenschaft, Kulturgeschichte und digitalen Methoden. Zum aktuellen Stand der Heraldik, in: Archiv für Diplomatik 65 (2019), S. 287-319.

JANSEN, Wilhelm: Kleve-Mark-Jülich-Berg-Ravensberg 1400-1600, in: Städt. Museum Haus Koekhoek (Hg.): Land im Mittelpunkt der Mächte. Die Herzogtümer Jülich-Kleve-Berg. Kleve [2]1984, 17-40.

KRAUS, Thomas, R.: Die Grafschaft Jülich von den Anfängen bis zum Jahre 1356, in: Städt. Museum Haus Koekhoek (Hg.): Land im Mittelpunkt der Mächte. Die Herzogtümer Jülich-Kleve-Berg. Kleve [2]1984, S. 41-51.

KÜMPER, Hiram: Adolf der III. von der Mark (*1332/33 – †1394): Zweimal (fast) Bischof und Begründer der Union mit Kleve, in: PÄTZOLD, Stefan / THIER, Dietrich (Hg.): Die Grafen von der Mark. Ein biographisches Handbuch (= Beiträge zur märkischen Geschichte, 2). Remscheid 2021, S. 251-286.

LEONHARD, Walter: Das große Buch der Wappenkunst. Entwicklung, Elemente, Bildmotive, Gestaltung. Augsburg 2003.

MARA Stephanie: Allianzen, Netzwerke und Heiratskreise. Zur Familienpolitik des Grafenhauses von Mark im Spätmittelalter, in: PÄTZOLD, Stefan / SCHMIEDER, Felicitas (Hg.): Die Grafen von der Mark. Neue Forschungen aus Sozial-, Mentalitäts- und Kulturgeschichte. Beiträge der Tagung am 22. April 2016 in Hagen (= Veröffentlichung der historischen Kommission für Westfalen, Neue Folge 41). Münster 2018.

NEUBECKER, Ottfried: Heraldik. Wappen – Ihr Ursprung, Sinn und Wert. Augsburg 1990.

NEUENSTEIN, Karl: Wappen aus dem Lehensbuche Ludwigs V., Kurfürsten v. d. Pfalz, nach dem Original im Grosshzgl. General-Landes-Archiv zu Karlsruhe; [Copie]. Karlsruhe 1892.
https://digi.ub.uni-heidelberg.de/diglit/neuenstein1892/0017 (letzter Abruf: 18.06.2024)

OSWALD, Gert: Lexikon der Heraldik. Vom Apfelkreuz bis Zwillingsbalken. Regenstauf [3]2013.

PÄTZOLD, Stephanie: Graf Adolf II. (*um 1300 – †136/47) – ein vergessener Graf von der Mark, in: PÄTZOLD, Stefan / THIER, Dietrich (Hg.): Die Grafen von der Mark. Ein biographisches Handbuch (= Beiträge zur märkischen Geschichte, 2). Remscheid 2021, S. 111-138.

PARAVICINI, Werner: Gruppe und Person. Repräsentation durch Wappen im späteren Mittelalter, in: OEXLE, Otto Gerhard / HÜLSEN-ESCH, Andrea von (Hg.): Die Repräsentation der Gruppe. Texte – Bilder – Objekte. Göttingen 1998.

PASTOUREAU, Michel: Heraldry. Its origins and meaning. London 1997.

PREUSS, Heike: Politische Heiraten in Jülich-Kleve-Berg, in: Städt. Museum Haus Koekhoek (Hg.): Land im Mittelpunkt der Mächte. Die Herzogtümer Jülich-Kleve-Berg. Kleve [2]1984, S. 133-146.

SAMIDA, Stefanie / EGGERT, Manfred K. H. / HAHN, Hans Peter (Hg.): Handbuch Materielle Kultur. Bedeutungen, Konzepte, Disziplinen. Stuttgart – Weimar 2014.

SCHEIBELREITER, Georg: Heraldik. München – Wien 2006.

SCHEIBELREITER, Georg: Tiersymbolik und Wappen im Mittelalter, grundsätzliche Überlegungen, in: Das Mittelalter 12 (2007), S. 9-23.

SCHEIBELREITER, Georg: Wappen und adeliges Selbstverständnis im Mittelalter, in: Das Mittelalter 11 (2006), S. 7-27.

SCHÜLER, Bernd: Farben als Wegweiser in der Politik, in: Aus Politik und Zeitgeschichte 20 (2006), S. 31-38.

SCHWEMMER, Oswald: Die Macht der Symbole, in: Aus Politik und Zeitgeschichte 20 (2006), S. 7-14.

SEYLER, Gustav Adelbert: Siebmacher's großes und allgemeines Wappenbuch, Bd. 1 (Souveräne und Landesfürsten), 1. Abt., 3. Teil: Die Wappen der deutschen Souveraine und Lande. Nürnberg 1916.
PURL: https://gdz.sub.uni-goettingen.de/id/PPN822242982 (letzter Abruf: 18.06.2024)

WEBER, Christoph Friedrich: Eine eigene Sprache der Politik. Heraldische Symbolik in italienischen Stadtkommunen des Mittelalters, in: Zeitschrift für historische Forschung 33.4 (2006), S. 523-564.

Internetquellen

HISTORISCHES MUSEUM, Frankfurt, Onlinesammlung https://historisches-museum-frankfurt.de/de/node/79682 (letzter Abruf: 18.06.2024)

Die verschwundene Wurst

mitgeteilt von Alfred Smieszchala

Herr Anstreichermeister **D.** (*) in der Sonnenscheingasse erfreute sich einer stattlichen Anzahl von Würsten, welche zum Trocken friedlich an einem offenen Giebelfenster hingen. Da jedoch das Leben, des Lebensungemischte Freude keinem Sterblichen zuteilwird, so verschwanden in der Nacht vom Montage auf Dienstage diese „schweinischen Requien“ und eine angelehnte Leiter zeigte den Weg allen Fleisches, den sie genommen, glücklicherweise hat jedoch nur Freundeshand einen Raub vollführt, was bei der Dunkelheit der Nacht in der von unserer Polizei recht wenig frequentierte Sonnenscheingasse nicht schwer war, und bald liefen die vermissten traulichen Schweinenachlässe im Postpacket mit einem Warnung- und Trostbrief für die Hausfrau wieder ein.

Dortmunder Zeitung Nr. 37, 6. Februar 1884

(*) Der Ansteichermeister **D** in der Dortmunder Sonnenscheingasse ist Hermann Wilhelm **Dopheide** (* Steinhagen 30. Dezember 1840) und seine Ehefrau Emma **Plock** (* Schwelm 4. Mai 1850). Das Paar hatte am 6. Juni 1876 in Dortmund in der ev. St. Marienkirche geheiratet. Hermann Wilhelm **Dopheide** starb am 22. Juni 1916 in Dortmund und seine Frau Emma **Plock** am 31. Januar 1920. Das Ehepaar hatte 6 Kinder:
1) Emma, * 1877, † 1926
2) Henriette Else (*Ella*), * 1878
3) Fritz Joseph Walter, * 1879
4) *Paul* Edmund Heinrich Bartholomäus, * 1882, † 1888
5) Josephine *Erna* Pauline, * 1889, † 1952
6) *Otto* Friedrich Wilhelm, * 1891, † 1973

Die Kinder waren bis auf Paul **Dopheide** alle verheiratet und haben Kinder und Enkel hinterlassen.

Ahnenliste der Geschwister Stockmann

zusammengestellt von Angela und Manfred Sigges

1a. **Stockmann**, Angeline Josefine Bernhardine, Hausfrau, * Wadelheim 10.11.1913, ~ Rheine 11.1913, kath., † Greven 17.01.2005
∞ I. Münster 07.04.1951 Heinrich Aloys **Teschlade**
∞ II. Münster 27.10.1969 Albert Johann **Horstmann**

1b. **Stockmann**, Maria Luise (Lissy), kath., Metzgerei mit Mann geleitet, * Wadelheim 12.04.1915, ~ Rheine 04.1915, kath., † Mesum 22.09.2000
∞ Mesum 05.08.1940 Josef (Seppel) Bernard **Achterkamp**

1c. **Stockmann (adopt. Borchert)**, Anna Gerharda, Bäckereiverkäuferin, * Wadelheim 30.09.1916, ~ Rheine (St. Dionysius) 04.10.1916, kath., † Dortmund 27.02.1991, □ DO- Südwestfriedhof 04.03.1991
∞ Baden/Wien 22.07.1944 (standesamtlich), ∞ Dortmund (hl. Kreuzkirche) 03.01.1945 (kath. kirchlich) Karl Josef Anton **Sigges**

1d. **Stockmann**, Ludwig, kath., Gast- und Landwirt, * Wadelheim 08.04.1918, ~ Rheine 04.1918, kath., † Wadelheim 28.02.1990, □ Rheine 05.03.1990
∞ Wadelheim 27.05.1953 Antona (Toni) **Hüsing**

1e. **Stockmann**, Wenzel, Kraftfahrer/Mechaniker bei der Bundeswehr, * Wadelheim 15.06., ~ Rheine (St. Dionysius) 17.06.1920 (Tp: Wenzel Borchert, Maria Stockmann geb. Rolfes), † Ochtrup 09.07.1982
∞ Ochtrup 24.06.1959 <u>Agnes</u> Maria **Homölle**

1. Ahnenreihe

2. **Stockmann**, August Bernard, Land- und Gastwirt, * Bentlage 14.11., ~ Rheine (St. Dionysius) 16.11.1878 (Tp: Bernard Gude, Catharina Pohlmann), † Rheine 13.11.1946
∞ II. Bramsche-Sommeringen 19.04.1925 Luzia Anna Maria **Robben**
∞ I. Rheine (St. Antonius) 08.10.1912 (Tz: Wenzel Borchert, Ludwig Stockmann)

3. **Borchert**, Clara Franziska Theresia, * Rodde 29.11., ~ Rheine (St. Dionysius) 30.11.1884 (Tp: Franz Heßling, Therese Sandfort Frau Borchert), † Wadelheim 10.03.1924

2. Ahnenreihe

4. **Stockmann**, Gerhard Henrich Joseph, Landwirt, Schnapsbrenner, * Bentlage 24.06., ~ Rheine (St. Dionysius) 28.06.1825 (Tp: Gerhard Henrich Pohlmann, Maria Elisabeth Köllner), † Bentlage 04.10., □ Rheine 08.10.1901
   ∞ I. Bentlage 10.06.1856 (Tz: Luis Stockmann, Bernard Imming) Christine **Imming**
   ∞ II. Rheine (St. Dionysius) 18.02.1868 (Tz: Heinrich Vollmer, Heinrich Linck)
5. **Gude**, Anna Maria Adelheid, * Gellendorf 10.10., ~ Rheine (St. Dionysius) 11.10.1843 (Tp: Gerhard Huesmann, Adelheid Beckmann), † Rheine 19.05., □ ebd. 24.05.1909

6. **Borchert**, Bernard Wessel, kath., Landwirt/Bauer/Colon, * Rodde 27.09., ~ Rheine (St. Dionysius) 28.09.1844 (Tp: Georg Bieke (Becke), Catharina Borchert), † Rodde 07.06.1925
   ∞ Rheine (standesamtlich) 31.05.1880 (Tz: Colon Bernard Hermeler 57 J. Rodde Nr. 1, Ackerer Gerhard Gres 29 J. Hopsten Nr. 20), ∞ ebd. (kirchlich) 01.06.1880
7. **Santvort**, Angeline Maria, kath., * Beesten 09.06., ~ ebd. (St. Servatius) 10.06.1854 (Tp: Maria Theresia Gress geb. Santvoort zu Hopsten, Johann Gerhard Hinken Colon zu Schapen, † Rodde 02.02., □ ebd. 06.02.1894

3. Ahnenreihe

8. **Stockmann**, Joann Bernard Henrich, kath., Landwirt, * Bentlage 06.06., ~ Rheine (St. Dionysius) 07.06.1781 (Tp: Johann Bernhard Termühlen (Onkel), Margaretha Büecker), † Bentlage 27.05., Ursache: Unglücksfall, □ Rheine 30.05.1854
   ∞ Rheine (St. Dionysius) 08.11.1814 (Tz: Joan Bernd Hersping, Arnold Kölner)
9. **Kölner**, Anna Maria Elisabeth, kath., * Rheine 01.04., ~ ebd. (St. Dionysius) 02.04.1797 (Tp: Adolp Kölner, Anna Lantze), † Bentlage 21.12., □ Rheine 23.12.1857

10. **Gude**, Joannes Gerard, Landwirt, Heuermann, Kötter, * Gellendorf 15.12.1798, ~ Rheine (St. Dionysius) 16.12.1798 (Tp: Gerard Haar, Anna Maria Gude), † Gellendorf 09.04., □ ebd. 13.04.1858
   ∞ I. Rheine (St. Dionysius) 13.09.1825 (Tz: Bernd Haar, Bernd Leugers) Anna Maria Elisabeth **Eckseler**
   ∞ II. Rheine (St. Dionysius) 16.09.1834 (Tz: Herman Eckseler, Herman Huesmann)

11. **Huesmann**, Catharina Anna Maria, * Eschendorf 10.08., ~ Rheine (St. Dyonisius) 11.08.1807 (Tp: Joan Gerd Pohlman, Anna Cath. Hermeler), † Gellendorf 02.03., □ Rheine 05.03.1874

12. **Borchert**, Gerard Joannes Bernd, kath., Landwirt, Zeller, * Rodde 15.02., ~ Rheine (St. Dionysius) 15.02.1811 (Tp: Bernd Borchert, Elis. Wieking Schwägerin der Mutter), † Rodde 07.09., □ Rheine 11.09.1878
∞ Rheine 29.10.1839 (T: Wessel Borchert, Gerhard Laumann)

13. **Becke**, Catharina Maria, kath., * Riesenbeck 26.10., ~ ebd. (St. Kalixtus) 27.10.1812 (Tp: Anna Catharina Lüttmann, Anton Finkmann), † Rodde 06.04., □ Rheine 09.04.1891

14. **Santvort**, Johann Hermann, kath., Landwirt, Colon zu Beesten, * Beesten 06.03., ~ ebd. (Notkirche auf der Poggerie) 06.03.1820 (Tp: Stephan Heldermann, Anna Maria Hamann), † Beesten 28.07., □ ebd. 31.07.1858
∞ Beesten 13.11.1850 (Tz: Bernard Becker, Henrich Bolsmann)

15. **Hinken**, Maria Theresia Anna, kath., * Schapen 14.03., ~ ebd. (St. Lutgerus) 14.03.1824 (Tp: Anna Maria Buntemeyer, Jan Hindr. Huil), † Beesten 10.10., □ ebd. 14.10.1889

4. Ahnenreihe

16. **Stockman**, Johan Hermann, kath., * Bentlage 01.09., ~ Rheine (St. Dionysius) 04.09.1738 (Tp: Bernd Wischman, Tecla Stockman), † Bentlage 03.05.1798
∞ Rheine 06.10.1771 (Tz: Joan Herman Ernsting, Joan Bernd Schottmeyer)

17. **Bücker**, Adelheidis Anna, kath., * Altenrheine 09.06., ~ Rheine (St. Dionysius) 10.06.1746 (Tp: Adelheidis Mense, Johan Lanse), † Bentlage 04.08., □ Rheine 06.08.1819
∞ II. Rheine 12.08.1798 (Tz: Henrich Stockmann, Joan Sephirin Wiching) Joan Herman **Wieching gen. Stockman**

18. **Köllner/Köllender**, Johann Christian Wilhelm, kath., Salinenaufseher, * Rheine 18.02., ~ ebd. (St. Dionysius) 22.02.1761, kath, Taufpaten: Joannes Everhardus Harenfeld, Anna Maria Jüdefeld), † Bentlage 04.11., □ Rheine 07.11.1827
∞ Rheine (St. Dionysius) 17.04.1796 (Tz: Adam Kölner [nicht zu finden in Rheine], Henrich Ruin)

19. **Nehr**, Elisabeth Anna Catharina, kath., * Rheine 01.12., ~ ebd. (St. Dionysius) 03.12.1768 (Tp: Joan Hen Dieckman, Anna Catharina Hagedorn), † Bentlage 15.01., □ Rheine 19.01.1838

20. **Gude**, Bernard Joan Friederich, kath., Heuermann, Leineweber, * Gellendorf 06.07., ~ Rheine (St. Dionysius) 08.07.1766 (Tp: Bernard Wiesman, Anna Christina Guede), † Gellendorf 01.08., ☐ Rheine 05.08.1833
∞ Rheine (St. Dionysius) 23.11.1794 (Tz: Joseph Gude, Gerard Haar)
21. **Haar**, Anna Catharina, kath., * Gellendorf 29.09., ~ Rheine (St. Dionysius) 30.09.1770 (Tp: Herman Grothuess, Catharina Hopster), † Gellendorf 28.05., ☐ Rheine 30.05.1816

22. **Huesmann**, Joan Hermann, Landwirt, Heuermann, * Eschendorf 15.08., ~ Rheine (St. Dionysius) 17.08.1763 (Tp: Melchior Dinning, Catharina Hemels), † Eschendorf ? 06.01.1847
∞ Rheine 30.07.1797
23. **Pohlmann**, Maria Elisabeth, * Rheine 14.05., ~ ebd. (St. Dionysius) 17.05.1763 (Tp: Maria Hüsing, Bernard Pohlman), † Eschendorf 19.08., ☐ Rheine 22.08.1835

24. **Borchert**, Gerhard Joann, kath., Landwirt, * Rodde 12.07., ~ Rheine (St. Dionysius) 13.07.1779 (Tp: Gerhard Borgert, Anna Margaret Bincke), † Rodde 12.08., ☐ Rheine 16.08.1841
∞ Rheine 28.01.1806 (Tz: Georg Borchert, Joan Bernd Schulte Benninghof)
25. **Schulte Benninghoff**, Anna Maria Elisabeth, kath., * Dutum 06.02., ~Rheine (St. Dionysius) 08.02.1783 (Tp: Anton Kevenbrinck, Anna Maria Benninghoff), † Rodde 16.01., ☐ Rheine 19.01.1839

26. **Becke**, Georg Joseph, kath., Bauer, Zeller, * Riesenbeck 04.03., ~ ebd. 05.03.1771 (Tp: Georg Henrich Queckkamp, Anna Maria Rüters), † Riesenbeck
∞ Riesenbeck 16.11.1802 (Tz: Died. Boock, B.H. Horstmann)
27. **Finkmann modo Zumfelde**, Elisabeth Maria Anna, kath., * Riesenbeck 28.08., ~ ebd. (St. Kalixtus) 30.08.1776 (Tp: Anna Catharina Stegeman, Georg Grothues)

28. **Sandvort**, Johann Albert (Hermann), ref. ev., Landwirt, Colon, * Beesten 27.03., ~ ebd. (Notkirche auf der Poggerie) 29.03.1780 (Tp: Albert Sandvort, Gebbe Aleyd Smit), † Beesten 26.11., ☐ ebd. 29.11.1830
∞ Beesten 23.01.1816 (Tz: Georg Bolsman, Bernard Henrich Stümpel)
29. **Heldermann**, Maria Angela, ref. ev., * Beesten 24.04., ~ ebd. (Notkirche) 24.04.1795 (Tp: Maria Mersch, Anna Engel Heldermanns, Henrich Helderman; [beim andern Eintrag:] Maria Aleide Mers, Henrich Helderman), † Beesten 28.05., ☐ ebd. 31.05.1843
∞ II. Beesten um 1831 Johan Bernard **Buntemeyer**

30. **Stegemann gen. Hinken**, Johann Hermann Hinrich, kath., Landwirt, Colon, ~ Schapen 04.09.1794 (Tp: Hermann Henrich Stegemann, Maria Clara Hinken), † Schapen 22.08., ☐ ebd. 26.08.1867
∞ I. Schapen 27.06.1818 Anna Catharina Elisabeth Theresia **Huil**
∞ II. Schapen 13.05.1823 (Tz: Bonicke, Bernd Schräder)

31. **Buntemeyer**, Anna Margrete Angela, kath., ~ Schapen 01.11.1796 (Tp: Anna Margaretha Angela Brüning, Georg Buntemeier), † Schapen 03.02., ☐ ebd. 06.02.1868

5. Ahnenreihe

32. **Steen gen. Stockman**, Henrich, kath., * Bentlage 31.01., ~ Rheine (St. Dionysius) 04.02.1714 (Tp: Henrich Hibbe, Anna Steen), † Bentlage 25.04.1746
∞ Rheine 20.11.1736 (Tz: Berndt Groethuß, Herm Löke)

33. **Wischman**, Margaretha Elisabetha, * Wadelheim 29.05., ~ Rheine (St. Dionysius) 30.05.1707 (Tp: Maria Forstmann, Johan Swewing), † Bentlage 18.08.1778
∞ I. Rheine 20.08.1730 (Tz: Gerhard Lantzing, Joannes Wischman) Georgius **Lantzing**
∞ III. Rheine 17.07.1746 (Tz: Bernd Stockman, Joan Finckman) Jürgen **Dirckes**

34. **Bücker**, Bernard Joan, kath., * Altenrheine 16.07., ~ Rheine (St. Dionysius) 19.07.1716 (Tp: Joan Lansing, Trine Bücker, † Altenrheine
∞ II. Rheine 10.02.1750 Margaretha **Stegemann**
∞ I. Rheine 20.06.1742 (Tz: Gerd Lansing, Joh. Schräer)

35. **Schräer**, Anna (Enneke) Catharina, kath., * Altenrheine 17.09., ~ Rheine (St. Dionysius) 21.09.1723 (Tp: Friedrich Guede, Anna Steinmeyer), † Rheine 05.12.1746

36. **Köllner/Keller**, Johannes Georg (Hans Jürgen), Siedeknecht auf der Saline Gottesgabe in Rheine, * um 1720, ☐ Rheine 25.09.1784
∞ Rheine 11.05.1760 (Tz: Ignatz Neher * ca 1729, Henrich Wininckhoff)

37. **Welhöner**, Maria Anna, kath., ~ Schildesche 01.1720 (Tp: Henrich Wellhöners Tochter), † Rheine 19.12.1767

38. **Nehr**, Ignatius, kath., Salinenarbeiter, * um 1728, † Rheine 20.01.1784
∞ II. Rheine 12.05.1778 Anna Maria **Lantze**
∞ I. Rheine 23.02.1767 (Tz: Jordon Roht, Anton Hauenhorst)

39. **Hermeler**, Maria Anna Christina, kath., * Rheine 26.03., ~ ebd. (St. Dionysius) 27.03.1740 (Tp: Xtina Hermeler, Bernd Laumann), † Rheine 16.03.1776

40. **Gude**, Joannes Friederich, kath., * Eschendorf 29.03., ~ Rheine (St. Dionysius) 04.04.1734 (Tp: Frerik Gude, Anna Brelage), † nach 1785
∞ Rheine 23.10.1763 (Tz: Berndt Guede, Joan Gerd Wiesman)
41. **Wiesmann**, Anna Margarete, kath., * 1742, † Rheine 19.08.1785

42. **Haar**, Joannes, kath., * Rheine 15.05., ~ ebd. (St. Dionysius) 17.05.1742 (Tp: Joh. Thiebuhr, Joanna van Dühren), † nach 1792
∞ Rheine 24.09.1765
43. **Grothues**, Anna Catharina, kath., * Rheine 06.02., ~ ebd. (St. Dionysius) 08.02.1746 (Tp: Anna Catharina Clünne, Georg Grauthuß), † nach 1792

44. **Huesman**, Joannes Bernd, * Rheine 12.10., ~ ebd. (St. Dionysius) 13.10.1726 (Tp: Theo. Leugers, Adelheid Huesman)
∞ Rheine 27.09.1760 (Tz: Berndt Hemelt, Georg Leugertman)
45. **Hemelt**, Phenenna Elisabeth, * Rheine 29.10., ~ ebd. (St. Dionysius) 01.11.1732 (Tp: Phenne Wischman, Gerd Hemelt), † nach 1771

46. **Pohlmann**, Gerdt Josef, kath., * Rheine 28.06., ~ ebd. (St. Dionysius) 29.07.1718 (Tp: Lucas Harmeyer, Aleidt Abelers), † Eschendorf 26.08.1804
∞ Rheine 14.02.1751 (Tz: Lucas Morsell, Herm Pohlman)
47. **Hüsing**, Anna Maria, kath., * Rheine 17.12., ~ ebd. (St. Dionysius) 21.12.1725 (Tp: Joan Huesinck, Maria Werninck), † Eschendorf 1794

48. **Borchert**, Georg Joan Heinrich, kath., Landwirt, Burrichter, * Rodde 01.06., ~ Rheine (St. Dionysius) 03.06.1753 (Tp: Jürgen Borchert, Anna Marg. Averesch), † Rodde 30.01.1803
∞ Rheine 15.08.1775 (Tz: Joann Herman Lensing, Georg Anton Laer)
49. **Pincke**, Catharina Aleida Maria Anna, * Püsselbüren, ~ Ibbenbüren 23.08.1744 (Tp: Anna Catharina Stertmeyer, Gerardus Hüser), † Rodde 14.07., □ Rheine 16.07.1819

50. **Schulte Benninghoff**, Joannes Gerdt, kath., Landwirt, Schulte, * Dutum 26.02., ~ Rheine (St. Dionysius) 29.02.1744 (Tp: Johan Gerd Prenger, Catharina Berninghoff), † Dutum 04.05.1785
∞ Dutum 25.10.1774 (Tz: Gerhard Probsting, Joann Wessels)
51. **Hungeling**, Anna Elisabeth Maria, kath., * Emsbüren-Berge, ~ Emsbüren 05.09.1751, (Tp: Wilm Hungelink, Geise Timmer), † Dutum 12.07., □ Rheine 14.07.1817
∞ II. Rheine 04.10.1785 Hermann Johan **Haverland**

52. **Becke**, Gerhard Henrich Joseph, kath., * Ostenwalde 26.02., ~ Riesenbeck 28.02.1740 (Tp: Gerard Althelmich, Maria Becke)
∞ Riesenbeck 22.11.1763

53. **Auldmann**, Anna Katharina, kath, * Riesenbeck 17.02., ~ ebd. 18.02.1740 (Tp: Anna Helmes, Joannes Westerman)

54. **Vinkman nunc Feld Bernd (Zumfelde)**, Joannes Henrich Gerard, kath., * Riesenbeck 04.07., ~ ebd. 06.07.1738 (Tp: Joannes Mencke, Catharina Brinck)
∞ Riesenbeck 16.02.1762

55. **Zumfelde (Feld Bernd / Veltman)**, Anna Maria Aleidis, kath., * Riesenbeck 05.06., ~ ebd. 07.06.1736 (Tp: Maria Rietman, Georg im Felde)

56. **Sandvort**, Hermann Henrich, kath., Landwirt, * Beesten 17.10., ~ ebd. (Notkirche) 17.10.1736 (Tp: Göke Santvoort, Gesina Timmer), † Beesten 04.03.1792
∞ Beesten 04.11.1766 (Tz: Hermann Schoo, Joann Meyer)

57. **Bolsman**, Maria Gesina, kath., * Schapen 17.09., ~ Beesten (Notkirche) 17.09.1743 (Tp: Berent Amans, Gesina Amans), † Beesten 11.02.1814

58. **Heldermann**, Johann Stephan (Steffen), Handelsmann, ~ Beesten 27.12.1759 (Tp: Joh. Geert Hellermann, Maria Lotman, † Beesten 25.11., ☐ ebd. 27.11.1827
∞ Beesten 28.01.1794 (Tz: Gesina Volbert, Maria Elisabeth Hartman)

59. **Mers**, Helena Aleidis, ~ Beesten 06.05.1766, (Tp: Dirk Mers, Aleid Buck), † Beesten 07.06., ☐ ebd. 10.06.1842

60. **Stegeman gen. Hinken**, Johann Henrich Otto, kath., * 1764, † Schapen 18.05.1814
∞ II. Schapen 15.10.1799 (Tz: Georg Huysman, Anna Maria Bonneke) Anna Catharina **Zumfelde**
∞ I. Schapen 03.09.1792 (Trauzeugen: Gerard Huilman. Joannes Henrich Vaal)

61. **Hinken**, Anna Magaretha Adelheidis, kath., ~ Schapen 20.12.1752 (Tp: Anna Margaretha Rison, Joann Veldhuis aus Hopsten), † Schapen 01.05.1798

62. **Buntemeyer**, Joannes Bernhard Gerard, kath., Landwirt, ~ Schapen 17.12.1765 (Tp: Gerard Hövers, Anna Maria Veerkamp), † Schapen 27.04., ☐ ebd. 30.04.1833
∞ Schapen 19.01.1796 (Tz: Georg Heilman, Hermann Hoffhuis)

63. **Bramschulte**, Anna Maria, kath., ~ Schapen 26.11.1770 (Tp: Anna Maria Rison, Henrich Weixs), † Schapen 28.04., ☐ ebd. 30.04.1851

6. Ahnenreihe

64. **Steen gen. Stockman**, Hermann, kath., * Bentlage, ~ Rheine (St. Dionysius) 21.02.1677 (Tp: Johan Horstman, Catharina Schoening), † Bentlage 24.05.1750
    ∞ II. Rheine 13.04.1728 (Tz: Theodor Tomwalde, Joann Stockman) Adelheid **Zumwalde**
    ∞ I. Rheine 16.11.1712 (Tz: Albert Stockman, Bernt Steen)
65. **Hibbe**, Adelheid, kath., * Rodde, ~ Rheine (St. Dionysius) 17.02.1685 (Tp: Gerard Meierinck, Margaretha Thalmann), † Bentlage 1728
    ∞ I. Rheine 20.11.1707 (Tz: Deitert Averesch, Berndt Hibbe) Henrich **Vennemann**
    ∞ II. Rheine 06.02.1710 (Tz: Albert Stockman, Bernt Hibbe) Henricus **Stockmann**

66. **Wischman**, Joannes, * Wadelheim, ~ Rheine (St. Dionysius) 29.12.1658 (Tp: Gerdt Veltman, Meyersche zu Wadelheimb), † Wadelheim 19.03.1737
    ∞ Rheine 14.11.1695 (Tz: Schulte Sweiving und der Unterküster (Subcustos))
67. **Gröne**, Euphenia (Fenne), * Engden, ~ Emsbüren 09.08.1670 (Tp: Wilhelm Schulte zu Hestrup, Christina Thaißing), † Wadelheim 02.03.1742

68. **Bücker**, Bernard, * Altenrheine um 1685
    ∞ Rheine 02.12.1713 (Tz: frater sponsi und der Unterküster)
69. **Lanze (Lanzing)**, Anna, * um 1685

70. **Schräer**, Herman, * um 1700
    ∞ ...
71. **Guede**, Margaretha, ~ Rheine 30.08.1686

74. **Welhöner**, Johann Henrich, * um 1690

78. **Hermeler**, Christian, * um 1710
    ∞ ...
79. **Laumann**, Maria, * Rheine 25.10., ~ ebd. 29.10.1719 (Tp: Aleidt Werninck, Herm Werninck)

80. **Gude**, Johan Georg, kath., Colonus, * Altenrheine, ~ Rheine (St. Dionysius) 14.03.1698 (Tp: Johan Eijng, Trine Seggas)
    ∞ Rheine 28.10.1732
81. **Brerlage**, Christina, kath., * Elte 21.09.1711 (Tp: Christine Remmering), † nach 1748

82. **Wiesmann**, Bernard, * um 1700

84. **Haar**, Johann Berndt, kath., * Rheine 11.11., ~ ebd. 12.11.1719 (Tp: Joan Haar, Margaretha Frummelinck), † Rheine 22.09.1789
∞ ...
85. **Gutberge**, Anna Christina, * um 1725

86. **Grothues**, Henrich Herman, kath., * Rheine 29.02., ~ ebd. (St. Dionysius) 01.03.1712 (Tp: Henerich Plaemans, Greite Meyering), † Altenrheine
∞ Rheine 17.11.1736 (Tz: Berndt Grothuß, Herm Löcke)
87. **Klönne**, Margaretha, kath., ~ Dreierwalde 25.03.1717 (Tp: Theodor Meyer)

88. **Huesman**, Johannes, * um 1700
∞ ...
89. **Leugers**, Adelheid, * um 1700

90. **Laukamp gen. Hemelt**, Bernard, kath., * Eschendorf 03.01., ~ Rheine (St. Dionysius) 05.01.1702 (Tp: Johan Werning, Trine Hemels), † Eschendorf 12.07.1734 [Ursache: Schock über die * seines Kindes]
∞ I. Rheine 04.02.1727 (Tz: Georg Meyerinck, Bernard Laukamp) Adelheid **Schulte Meyering**
∞ II. Rheine 30.05.1730 (Tz: Bernard Wischman, Bernard Laukamp)
91. **Wischman**, Anna Maria, * Wadelheim 01.07., ~ Rheine (St. Dionysius) 06.07.1704 (Tz: Wilm Grone, Maria Leugers)
∞ II. Rheine 06.12.1735 (Tz: Bernd Laukamp, Joh. Hemelt) Herman **Laukamp**

92. **Pohlmann**, Henrich, * Eschendorf, ~ Rheine 03.11.1678 (Tp: Henricus Hirshues, Aleide Dietman)
∞ Rheine 25.07.1711 (Tz: Gert Pohlman , Gert Abeler)
93. **Abeler**, Elisabeth, * Elte 04.01., ~ ebd. 07.01.1688

94. **Hüsing**, Herm, * um 1700
∞ ...
95. **Werninck**, Phenne, * um 1700

96. **Borchert**, Joannes Bernard, Colon in Rodde, Landwirt, * Rodde 20.02., ~ Rheine (St. Dionysius) 24.02.1729 (Tp: Bernd Borchert, Maria Lantzing [*1697 Cousine der Mutter?]), † Rodde 11.02.1800
∞ Rheine 15.11.1750 (Tz: Henrich Borchert, Johan Bücker)
97. **Averesch**, Catharina Adelheid, * Hörstel 27.07., ~ Riesenbeck 30.07.1730 (Tp: Catharina Althelmes, Johan Helmer), † Rodde 03.03.1804

98. **Pincke**, Jacob Bernard, kath., Colon, Wehrfester, * Püsselbüren um 1710, † ebd. 14.03.1774
∞ Ibbenbüren 03.10.1739 (Tz: Joannes Henrich Kleine, Joannes Adolph Schleeboom)
99. **Hüser**, Anna Maria, * Ibbenbüren um 1720

100. **Schulte Berninghoff**, Gerhard Joannes, kath., Rentmeister, * Dutum 26.06., ~ Rheine (St. Dionysius) 27.06.1713 (Tp: Johan Schulte Bockholt geb. Borchert, Tine Schulte [Berninghoff? ∞ mit Dapper]), † Dutum 07.05.1749
∞ Rheine 30.11.1741 (Tz: Joh. Wilm Schulte Berninghoff, Johan Henrich Prenger)
101. **Prenger**, Elisabeth Anna, kath. * Emsdetten 1707, † Dutum 22.09.1799,
∞ II. Rheine 22.07.1749 (Tz: Joan Henrich Prengers, Gerd Schürrmeyer) Bernd Joan **Schulte Berninghoff**

102. **Hungeling**, Henrich, kath., Zeller Hungeling zu Berge, ~ Emsbüren 18.04.1717 (Tp: Henrich Hungel, Margaretha Teissing), † Emsbüren-Berge 26.04.1786
∞ I. Emsbüren 21.11.1741 (Tz: Gerard Wülcker, Wilhelm Sandtman) Elisabeth **Roling**
∞ II. Emsbüren 06.06.1747
103. **Wülcker Mönnicks**, Euphemia, kath., ~ Emsbüren 24.02.1730 (Tp: Hermann Wülcker, Susanna Brinckers), † Emsbüren 18.03.1799

104. **zur Becke**, Henrich, * Ostenwalde um 1710
∞ Riesenbeck 15.04.1731 (Tz: Barthold zum Walde, Joannes Althelmich)
105. **Althelmich**, Catharina, * Bevergern um 1710, † Ostenwalde 1759

106. **Altman**, Johann, * um 1710
∞ Riesenbeck 23.12.1738
107. **Westerman**, Anna Catharina, * um 1715

108. **Vinckmann**, Joannes Gerard, * um 1710
∞ Riesenbeck 12.05.1734 (Tz: Stefan zur Sande, Joannes Hermann Löchte)
109. **Joanning**, Margareta, * um 1715

110. i**m Felde**, Bernard, ~ Riesenbeck 08.02.1705 (Tp: Joan Lamers, Maria Hillebrandt)
∞ Riesenbeck 18.01.1733 (Tz: Gerard im Felde, Bernard Rietman)
111. **Rietman**, Margareta, * um 1710

112. **Sandvort**, Joan Beernt, ev-ref., ~ Beesten 12.05.1715 (Tp: Herman Sunderman, Gertrudis Meyers)
∞ Beesten 30.10.1734 (ev-ref., Tz: Dierk Krake, Aleid Sandvoort beide aus Beesten), 14.11.1734 (kath., Tz: Joannes Schoo, Ger. Helmigs)
113. **Hoijkamp**, Margreta, ev-ref., * 1717, † Beesten 28.09.1765, □ ebd.

114. **Bolsman**, Jan Jürgen, kath., * Beesten-Talge;~ Rüschendorf[1] 18.03.1714 (Tp: Henrich Mollers, Hille Bolsman), † Beesten-Talge 19.08.1788, □ Beesten
∞ Beesten 11.10.1738
115. **Amans**, Anna Maria, kath., ~ Plantlünne 05.12.1716 (Tp: Anna Bergers, Gerhard Aman), † Beesten-Talge 14.03.1792

116. **Heldermann**, Hindrik, * um 1725
∞ I. Beesten 25.03.1752 Anna Margaretha **Schierling**
∞ II. Beesten 26.10.1756 (Tz: Joannes Schräder, Lucas Unterbrinck)
117. **Lotman**, Engele, * um 1735

118. **Mers**, Joannes Jacob, ~ Beesten 06.11.1735 (Tp: Rudolph Schräder, Maria Jansen)
∞ Beesten 18.01.1757
119. **Buck**, Maria Aleida, ~ Beesten 29.06.1733 (Tp: Jan Schoo, Grete Neerschulte)

122. **Hinken**, Gerard Theodor, kath., ~ Schapen 23.09.1725 (Tp: Theodorus Hincken, Aleida Krumme)
∞ Schapen 17.04.1751 (Tz: Hermann Veenkamp, Anna Catharina Brookmöller)
123. **Veldhuis**, Anna Margaretha, kath., * um 1730

124. **Buntemeyer**, Gerhard Henrich, ~ Schapen 20.12.1727 (Tp: Gerhard Buntemeyer, Gesine Dierks), † Schapen 16.04., □ ebd. 20.04.1772
∞ Schapen 20.01.1761 (Tz: Joannes Theodor Wilmer, sponsa Catharina Maria Vaalmans)
125. **Hovers**, Anna Margreta, * 1733, † Schapen 14.06.1816
∞ II. Schapen 19.01.1773 Georg **ter Beek**

126. **Westerbeck gen. Bramschulte**, Gerard Henrich, kath., * Lengerich um 1730
∞ Schapen 26.04.1763
127. **Lampe**, Euphemia Maria, kath., * Elbergen 1733, † Schapen 25.01.,

---

1 Dorthin war die katholische Gemeinde Beesten bis 1718 „verbannt“.

☐ebd. 29.01.1816
∞ I. Schapen 29.01.1760 (Tz: Georg Huileman, Tobias Heitman) Joannes Georg **Bramschulte**

7. Ahnenreihe

128. **Steen**, Wessel, kath., * um 1640
∞ ...
129. **Horstmann**, Enneke, * um 1645

130. **Hibbe**, Bernard, * um 1650

132. **Wißmans**, Johannes, * Wadelheim 19.12., ~ Rheine (St. Dionysius) 22.12.1630 (Tp: Johan Beckring, Stine Wißmans)
∞ ...
133. **NN**, Elisabetha, * um 1635

134. **Grone**, Johann, Kötter, * Emsbüren um 1635
∞ Emsbüren um 1661
135. **NN**, Susanne, * um 1642

158. **Laumann**, Berndt, * Eschendorf, ~ Rheine 08.06.1687 (Tp: Bernard Hemelt, Anna Krejmeyers)
∞ Rheine 26.11.1718 (Tz: Joan Post, Gerdt Werning)
159. **Werninck**, Aleidt, * um 1690

160. **Gude**, Frederich, * Altenrheine 1667
∞ Rheine 13.11.1695
161. **Eijding**, Catharina, * um 1670

162. **Remmers**, Georg, * Hopsten um 1685, † Elte 07.01.1753
∞ 10.06.1706
163. **Brelage**, Anna, * Elte 30.10.1688, † Elte 06.03.1766

168. **Haar**, Henrich, * um 1690
∞ Rheine 16.02.1716
169. **Fromlinck**, Adelheid, * um 1690

172. **Grothues gen. Meyering**, Johann, * um 1680
∞ ...
173. **Meyering**, Aleid, * um 1680

174. **Klönne**, Bernard, ~ Dreierwalde 03.10.1686 (Tp: Bernard Klönne, Helena Höwedes)
∞ Dreierwalde 27.11.1715 (Tz: Berhard Sasse, Gerhard Lückes)
175. **Husman**, Anna, kath., ~ Riesenbeck 04.05.1693 (Tp: Gerd Playeman, Greite Menckes)

180. **Laukamp**, Gerhard, ~ Elte 21.02.1672, † Eschendorf vor 1750
∞ Rheine 27.01.1697 (Tz: Custos, Subcustos
181. **Hemelt**, Anna, kath. * Eschendorf, ~ Rheine (St. Dionysius) 21.02.1675 (Tp: Friderich Dretman, Anna Eberesch), † Eschendorf nach 1749

182. = 66. **Wischman**, Joannes
183. = 67. **Gröne**, Euphenia (Fenne)

186. **Abeler**, Gerard, * Elte um 1658, † 05.10.1729

192. **Borchert**, Joannes, Colon in Rodde Landwirt, * Rodde, ~ Rheine (St. Dionysius) 24.08.1699 (Tp: Johan Schulte zu Mesum, Greite Elmer), † Rodde 15.04.1742
∞ Rheine 12.08.1725 (Tz: Gerhard Borchert, Gerhard Lantzing)
193. **Lantzing**, Margaretha, kath., * Altenrheine, ~ Rheine (St. Dionysius) 05.05.1697 (Tp: Johann Lantzing, Greite Lantzing), † Rodde 27.06.1784
∞ II. Rheine 11.09.1742 (Tz: Gerdt Zumfelde, Gerd Lantzing) Jürgen **Zumfelde**

194. **Averesch**, Gerd, Colon in Hörstel, * Hörstel, ~ Riesenbeck 18.12.1688 (Tp: Gerd Thorbecke, Trinike Averesch), † nach 1734
∞ II. Riesenbeck 25.08.1736 Margarete **tom Grunde gen. Huesman**
∞ I. Riesenbeck 08.08.1723 (Tz: Stephen Zumsande, Jorgen Loese)
195. **Camphaus**, Elisabeth, * Hörstel, ~ Riesenbeck 15.02.1695 (Tp: Heinrich Bußman, Elisabeth Ameß), † Hörstel 1736

196. **Pincke**, Jacob, Wehrfester, * Püsselbüren 1674, † ebd. 12.12.1748
∞ I. Ibbenbüren 01.08.1701 (Tz: Nicolaus Rottman, Gerard Strick) Trineke **Grolle**
∞ II. Ibbenbüren 09.02.1710 (Tz: Nicolaus Rottman, Bernard Pincke)
197. **Berkhuis**, Margarita, * 1690

200. **Schulte Berninghoff**, Johan Wilhelm, kath., * Dutum, ~ Rheine (St. Dionysius) 01.03.1683 (Tp: Joannes Borchert in Rodde, Catharina Varwick in Brochtrup, † Dutum 10.07.1731
∞ Welbergen 14.02.1711
201. **Bocholt**, Anna Gertrudt, kath., ~ Welbergen 27.02.1689 (Tp: Joannes

Kauling, Elisabeth Nunning, † Dutum nach 1742

204. **Hungeling/Hungelmann**, Wessel Johann, kath., Zeller Hungeling zu Berge, ~ Emsbüren 26.09.1688 (Tp: Henricus Lole, Ahleidis Dirckes aus Alde), † Emsbüren-Berge 28.06.1771
∞ Emsbüren 26.06.1714 (Tz: Joannes Wobben, Bernhard Rickeling)
205. **Theising**, Euphemia, kath., * Ahlde, ~ Emsbüren 02.04.1690 (Tp: Theodor Helminck, Margaretha Farvikes), † Emsbüren 15.12.1770

206. **Mönnicks**, Henrich, kath., Zeller, * Emsbüren Listrup, ~ Emsbüren 01.09.1709 (Tp: Heinrich Beil, Maria Holt)
∞ Emsbüren-Berge 11.05.1729 (Tz: Gerard Rickel, Hermann Timmer)
207. **Wulker**, Anna Maria, kath., ~ Emsbüren 18.10.1705 (Tp: Fenna Schräers, Gerard Schulten), † Emsbüren-Berge 10.05.1786

208. **Becke**, Johan, * Ostenwalde 1671
∞ Riesenbeck 08.01.1704 (Tz: Henr. Becke, Joannes Egbers)
209. **Egbers**, Aleid, * Hopsten 1680

216. **Vinckmann**, NN, * um 1680

220. **Zumfelde**, Johan Berndt, Platzhalter, * um 1680

224. **Sandvort**, Albert, * Beesten-Schardingen um 1685, ~ Hopsten-Rüschendorf, † Beesten-Schardingen 17.06.1746, □ Beesten
∞ Beesten 13.01.1709
225. **Scholten**, Catharine (Trijne), * Beesten-Wilsten 1691, ~ Hopsten-Rüschendorf, † Beesten-Schardingen 21.09.1761, □ Beesten

228. **Bolsman**, Henrik, * Beesten-Talge 1689, † Beesten 15.08., □ ebd. 17.08.1760
∞ Beesten 25.10.1710
229. **Beestermöller**, Margareta, * Beesten um 1690, † Beesten-Talge vor 1760

230. **Aman**, Joannes, * um 1685
∞ Lünne 23.04.1709 (Tz: Joannes Buttmejer, Elisabeth Covers)
231. **Clasinck**, Maria, * um 1685

236. **Mers**, Jacob, * um 1700
∞ Beesten 13.01.1732 (Tz: Joan Schomaker, Jonas Kool)
237. **Cramer**, Aleit, * um 1700

238. **Bok**, Geert, * um 1700

244. **Hinken**, Joachim, * um 1690, † Schapen 11.12.1745
∞ ...
245. **NN**, Adelheide, * um 1695

248. **Buntemeyer**, Bernard, * um 1700, † Schapen 07.01.1748
∞ Schapen 04.02.1725 (Tz: Hermann Wilmer, Gerard Buntemeyer)
249. **Wilmer**, Maria, * um 1700

252. **Westerbeck**, Henrich, * um 1700
∞ ...
253. **Penninck**, Anna Margaretha, * um 1700

8. Ahnenreihe

260. **Hibbe**, Bernard, kath., * Rodde, ~ Rheine 09.03.1625 (Tp: Gert Nimer, Greit Helminck)
∞ ...
261. **Kierutt**, Alheid, * um 1635

264. **Wißmans**, Hermann, * um 1600
∞ Rheine 22.10.1628 (Tz: Bernhart Snipper, Herm. Heßlink)
265. **Beckring**, Enneke, * um 1605

316. **Laumann**, Lucas, * um 1655

320. **Gude**, Johann, * Altenrheine 1640

324. **Remmers**, Johan, * um 1650
∞ ...
325. **NN**, Christina, * um 1660

326. **Schulte von Werde**, Johann, * Listrup, ~ Emsbüren 10.04.1662 (Tp: Joannes Hinderting, Aleidis Krup)
∞ Elte 11.11.1687
327. **Brelage**, Angela, * Elte 1655, † ebd. 30.01.1717

348. **Klönne**, Bernard, * um 1645
∞ II. Dreierwalde 14.07.1692 Catharina **Stockmann**
∞ I. Dreierwalde 08.04.1685
349. **Cöhners**, Helena, * um 1650

350. **Hußman**, Herman, * um 1660
∞ Riesenbeck 03.06.1682 (Tz: Jorgen Mersch, Bernd Plaijeman)
351. **Thorlochte**, Ennike, * um 1660, † Riesenbeck

360. **Laukamp**, Johannes, * um 1640

362. **Hemelt**, Theodor Gerard, * um 1645

364. = 132. **Wißmans**, Johannes
365. = 133. **NN**, Elisabetha

366. = 134. **Grone**, Johann
367. = 135. **NN**, Susanne

384. **Borchert**, Bernard, kath., Colon, * Rodde, ~ Rheine (St. Dionysius) 21.04.1672, † nach 1741
∞ Rheine (St. Dionysius) 27.07.1695 (Tz: Reiner zum Walde, Henrich Esman
385. **Schulte**, Margaretha Anna, kath., * Bentlage, ~ Rheine 22.03.1671 (Tp: Joannee Weßels, Anna Margaretha Plate), † Rodde 18.05.1737

386. **Lantzing**, Gerhard, * Altenrheine 1670
∞ Rheine 14.10.1696 (Tz: Georg Leugers, Joannes Schöpcker)
387. **Leugers**, Aleid, * um 1670

388. **Averesch**, Georg, kath., * Hörstel um 1660
∞ Riesenbeck 03.03.1688 (Tz: Gerdt Thorbecke, Johan Thorlose)
389. **Thorlose**, Margaretha, kath., ~ Riesenbeck 22.02.1663 (Tp: Georg Thonersch, Alheid Thorlosse)

390. **Ames gen. Camphaus**, Michael, kath., Heuermann in Hörstel
∞ Riesenbeck 09.05.1683 (Tz: Gerd Ames, Herman Dig)
391. **Camphaus**, Margarete, kath., ~ Riesenbeck 05.06.1658 (Tp: Catharina Koyes, Henricus Plaieman)

392. **Pincke Plake**, Gerdt, kath., * 1650, † Ibbenbüren 14.06.1692
∞ Ibbenbüren um 1668
393. **Pincke**, Trineke, * Püsselbüren um 1650

400. **Schulte Berninghoff**, Gerhard Joannes, * Dutum 1650
∞ Rheine (St. Dionysius) 04.11.1681
401. **Borchert**, Adelheid, kath., * Rodde, ~ Rheine (St. Dionysius) 07.08.1661 (Tp: Bernard Borcherings, Alheid Ridtmans), † Dutum 05.1708

∞ II. Henrich **Hornekamp gen Schulte Berninghoff**

402. **Bocholt**, Joannes, * um 1660
∞ ...
403. **NN**, Anna, * um 1665

408. **Hungeling**, Bernhard, kath., Zeller Hungeling zu Berge, ~ Emsbüren 06.01.1654 (Tp: Hermann Elffert, Euphemia Veltmans), † Emsbüren-Berge 1710
∞ Emsbüren 1686
409. **Imming**, Tabita, kath., ~ Emsbüren 18.05.1659 (Tp: Arnold Rholing, Susanna Efers), † Emsbüren 1710

410. **Theissing**, Henrich, kath., Zeller Theissing zu Ahlde, ~ Emsbüren 16.12.1661 (Tp: Joannes Grone, Euphemia Stalberg)
∞ ...
411. **NN**, Anna, * um 1665

412. **Monnich**, Albert, kath., Kötter, * Listrup, ~ Emsbüren 07.02.1671 (Tp: Joan Veltman, Susanna Tenger)
∞ Emsbüren um 1695
413. **Eilers**, Angela, kath., * Elbergen, ~ Emsbüren 03.01.1672 (Tp: Bernard Lohdiekert, Margaretha Imming)

414. **Wulker**, Hermann, kath., Zeller, * Emsbüren-Berge, ~ Emsbüren 05.01.1677 (Tp: Gerhard Wulkers, Elisabeth Hofphaltes), † Emsbüren-Berge 13.03.1754
∞ Emsbüren 09.11.1700
415. **Schulte**, Anna, kath., *Ahlde, ~ Emsbüren 11.07.1682 (Tp: Gerard Wellmes, Aleid Evering), † nach 1749

416. **Becke**, Henrich, Wehrfester, * Ostenwalde 1650
∞ Riesenbeck 1670
417. **NN**, Fenna, * um 1650

448. **Sandvort**, Henrik, * um 1660

450. **Scholten**, Johan, * Beesten-Wilsten vor 1641
∞ 1677
451. **Schirlinck**, Trine, * um 1645

456. **Bolsman**, Hindrick, * Beesten-Talge 1663
∞ Beesten 30.05.1688
457. **Tepe**, Gese, * Suttrup, Krs. Lingen, um 1665, † Beesten-Talge 13.04.1695

458. **Beestermüller**, Jürgen, * um 1660

9. Ahnenreihe

520. **Hibbe**, Berndt, kath., * Rheine um 1590

640. **Gude**, Bernd, * Altenrheine um 1610

652. **Schulte von Werde**, Bernard, S.d. Gerdt Werde u.d. Suenne, ~ Emsdetten 01.04.1635 (Tp: Dirick Sidiges, Suenne Imming)
653. **NN**, Euphemia, * um 1640

728. = 264. **Wißmans**, Hermann
729. = 265. **Beckring**, Enneke

768. **Borchert**, Johan, kath., Colon, * Rodde, ~ Rheine (St. Dionysius) 25.01.1632 (Tp: Johan Hesseling von Landersum, Enke Borchering), † Rodde 1694
∞ Rheine um 1653
769. **Alde Borchers**, Trine, * 1635, † Rodde 1694

770. **Schulte Bentlage**, Joan Bernhard, kath., * Bentlage um 1632, † ebd. 1672
∞ Rheine um 1650
771. **Schulte Meyer**, Greite, * um 1635, † Bentlage 1672

778. **Thorlose**, Johan, * um 1630
∞ Riesenbeck 1659
779. **Vinckman**, Margareta, * um 1635

782. **Camphues**, Hermann, * Ostenwalde um 1630
∞ Riesenbeck 03.02.1653
783. **Bonekers**, Anna, * Rheine um 1635

800. **Hornekamp gen. Schulte Berninghoff**, Wilhelm, kath., * Dutum, ~ Rheine (St. Dionysius) 26.02.1616 (Tp: Hermann Braam, Henrich Storm)
∞ II. Rheine 01.01.1653 Adelheid **Schulte Bentlage**
∞ I. Rheine 1645
801. **Niehues**, Fenne, * Sutrum um 1620, † vor 1653

802. = 768. **Borchert**, Johan
803. = 769. **Alde Borchers**, Trine

816. **NN gen. Hungelingmann**, Wilhelm, Zeller Hungeling zu Berge, * Emsbüren-Berge um 1625
∞ ...
817. **Hungeling**, Adelheid (Alleit) 'Faunhuss', T.d. Hinndrich Hungelman u.d. Suenne, ~ Emsbüren 10.08.1625 (Tp: Silliges, Gesse Willmich)

818. **Imming**, Wessel, Zeller Imming zu Bernte, * Emsbüren um 1620/30, † Emsbüren 1680
∞ ...
819. **NN**, Margaretha, * um 1630

820. **Theissing**, Gerhard, Zeller Theissing zu Ahlde, S.d. Hinnerick Tessinck u.d. Grete, * Ahlde, ~ Emsbüren 23.02.1631 (Tp: Stallbergs, Tessinck [aus] All[d]e)
∞ ...
821. **NN**, Euphemia, kath., * Emsbüren um 1635

824. **Monnich**, Albert, * um 1645
∞ ...
825. **NN**, Anna, * um 1645

826. **Eilers**, Heinrich, kath., Colon, * Emsbüren Elbergen um 1643
∞ Emsbüren 26.07.1666
827. **Silies**, Gebina, kath., * um 1645

828. **Wülker**, Gerhard, kath., Zeller, * Emsbüren-Berge um 1649, † nach 1709
∞ Emsbüren um 1673
829. **Twenning**, Susanna Elisabeth, * um 1650

830. **Schulte**, Gerhard, kath., Zeller, * Emsbüren-Ahlde um 1650
∞ Emsbüren um 1674
831. **Stockmann**, Adelheid Maria, * Mettingen um 1650

912. **Bolsman**, Henrich, * um 1635, † Beesten 26.03.1697

914. **Tepe**, Bernd, * um 1630

Fürstbischöflich-Osnabrücker Freibriefe aus den Jahren 1592–1622

Verzeichnis der Freibriefe für landesherrliche Eigenbehörige im Fürstbistum Osnabrück aus den Ämtern Fürstenau, Grönenberg, Iburg, Reckenberg, Vörden und Wittlage

von Christian Loefke

Das Niedersächsische Landesarchiv, Standort Osnabrück, hat mehrere Kopialbücher mit Aufzeichnungen über die von den Fürstbischöflich-Onsabrücker Beamten ausgestellten Freibriefen im Niedersächsischen Archivportal (https://www.arcinsys.niedersachsen.de/) als Digitalisate zur Verfügung gestellt. Die Aufzeichnungen reichen von der 2. Hälfte des 16. Jahrhunderts bis ins 18. Jahrhundert und nennen neben dem Empfänger des Freibriefs im Wesentlichen dessen Eltern und das Kirchspiel, häufig auch die Bauerschaft, aus der der Empfänger stammte. Vergleicht man das jeweilige Datum der Ausstellung eines Freibriefs mit Angaben in den jeweiligen Ämterrechnung, so zeigt sich, dass das Ausstellungsdatum zischen einem halben Jahr und mehr nach dem Antrag und der Bezahlung des Freibriefs liegen konnte. Ein Extremfall findet sich im Kopialbuch mit den Freibriefen von 1664 bis 1703 (Rep. 100 Abschnitt 59 Nr. 8): 1668 hatte sich Jacob Lücke aus der Bauerschaft Rentrup freigekauft, der Freibrief wurde aber erst am 21. April 1670 ausgestellt (fol. 32v). Diese zeitlich Diskrepanz erklärt dann auch, warum z. B. Personen unter Vorbehalt in eine Stadt eingebürgert wurden und ihnen dann ein Jahr Zeit gegeben wurde, ihren Freibrief vorzulegen, so wie es hier unten wohl auch bei Nr. 334 geschehen ist. Wurde anfänglich noch der ganze Wortlaut des Freibriefes in das Kopialbuch übertragen, so wurden ab Ende des 16. Jahrhunderts die Einträge immer weiter zusammengekürzt, so dass zum Teil nur noch der Name des Empfängers und das Ausstellungsdatum des Freibriefs, das ja bis zu zwei Jahre nach dem eigentlichen Freikauf liegen konnte, überliefert wurden. Auch die Erschließung der Kopialbücher gestaltet sich schwierig. Einige Kopialbücher besitzen zwar Inhaltsverzeichnisse, die Namen der Empfänger dort weichen aber mitunter erheblich von denen im Buch selbst ab, und die Verzeichnisse sind unvollständig. Schließlich verweisen die angegebenen Seitenzahlen auf die Folierung des jeweiligen Kopialbuchs, die sich sehr stark von der Nummerierung der Digitalisate unterscheidet. Die Einträge folgen mit einigen Ausnahmen einer zeitlichen und ämterabhängigen Reihenfolge, die auch beibehalten wurde. Zur Identifizierung der Bauerschaften wurden das Ortschaftsverzeichnis von A. von Düring[1] herangezogen.

1 Düring, A. von: Ortschaftsverzeichniß des ehemaligen Hochstifts Osnabrück, in: Mitteilungen des Vereins für Geschichte und Landeskunde von Osnabrück 21 (1896), S. 40-97.

Das hier bearbeitet Kopialbuch (Rep. 100 Abschnitt 59 Nr. 2) beinhaltet Freibriefaufzeichnungen aus den Jahren 1592 bis 1622. Für die Erschließung wurden die Einträge fortlaufend nummeriert und das Ausstellungsdatum vorangestellt. Es folgen der/die Name(n) des/der Empfänger(s), die bisherige Amtshörigkeit, Angaben zu den Eltern, dem Hof, Kirchspiel (Ksp.) und Bauerschaft (Bs.), schließlich die Angabe der Seite, auf der der Eintrag verzeichnet ist, wobei die erste Zahl die zeitgenössische Folierung, die zweite Zahl die neuzeitliche Folierung nennt.

Als Beispiele für die vollständigt verzeichneten Freibriefe sind unten zwei Bescheinigungen (Nr. 1 und Nr. 5) im Wortlaut wiedergegeben.

<1> **12. Januar 1592**

Hermans zu Bueren, mutatis mutandis Reineken zu Bueren Freilassungh

Von Gottes Gnaden wir, Philiep Sigißmundt, Postulirter der Stiffte Oßnabrugk und Verden, Herzog zu Braunschweig unnd Leunenpurgk, bekennen und thuen kundtt in diesem unserem Brieffe vor uns, unsern Nachkommen und jedermeninglichen, daß wir unseren und unsers Hauses Furstenawe leibeigenen Knecht Herman zu Bueren, ein echte unnd rechte Shon Hermans zu Bueren und Modeken seiner Hausfrawen, im Kerspell Uffeln wonhafft, desselben seines Leibeigenthumbs, damit er uns und gemeltem unserem Hause Furstenawe biß daher verwandt gewesen, gefreiet und erledigt haben. Wie wir dan auch ihmen, Herman zu Bueren, hiemit in bester Form und Weise, so wir zu Rechte oder auch Gewonheitt bestendist thuen konnen oder moegen, solichs Eigenthumbs unnd aller Gerechtigkeit, Rechtens unnd Ansprache, so wir zu seinem Leibe und Gueteren biß daher gehabtt oder hernachmalß uberkommen mugten, ganz frei, ledig und loß sagen und geben, unnd sezen ihmen in freier Leute Condition und Wesen, also daß er hinfurter freier Leute Privilegien, Freiheiten und Gerechtigkeiten one unser und unser Nachkommen zum Stifft Oßnabrugk und meninglichs Verhinderung genießen, geprauchen und sich zu erfrewen haben oder sich sunsten nach seinem Gefallen und wehr ihme das gelegen, widerumb hir keren und wenden muege. Des zur Urkundt haben wir unseren Siegell hienieden anhangen laßen. Geben im 1592 Jare am 12ten Januarij. – (fol. 1 [13r])

<2> **12. Januar 1592**

Herman zu Stockum, dem Amt Fürstenau eigen, S.d. Gerdt zu Stockum u.d. Elßen, Ksp. Ankum, Bs. Brickwedde – (fol. 1‘ [13v])

<3> **2. März 1592**

Thale Goeßman, dem Amt Fürstenau eigen, T.d. Herman Goeßman u.d. Anna, auf Goeßmans Erbe im Ksp. Badbergen, Bs. Grönloh – (fol. 2 [14r])

<4> **23. Mai 1592**

Everdt Rovekamp, dem Amt Reckenberg eigen, S.d. Johan Rovekamp u.d. Anna, Ksp. Gütersloh, Bs. Avenwedde – (fol. 2‘ [14v])

<5> **23. Mai 1592**

Gertrudt Herbruggen

Von Gottes Gnaden, wir, Philiep Sigißmundtt, Postulirter der Stiffte Oßnabrugk und Verden, Herzog zu Braunschweig und Leunenpurgk, bekenne und thuen kundt in diesem unserem Brieffe vor uns, unsere Nachkommen zum Stifft Oßnabrugk und sonsten meninglichen offenbar bezeugendt, daß wir unsere und unsers Hauses Reckenberge eigenhorige Maget Gertrudt Herbruggen, [von] Heinrich Herbruggen und Gertruden, Eheleuten, ihrem Vatter unnd Mutter im Kerspell Weidenbrugk und Baurschafft Embse wonhafft, echt und rechtt geboren, ihres Leibeigenthumbs, damit sie uns und gemeltem unserem Hause Reckenberge biß daher zuegthan und verwandt gewesenn, gefreiet und entledigt haben. Wie wir dan gerurte Gertrudt Herbruggen hiemit zu bester Gestaldt und Weise, so wir nach Rechte unnd Gewonheit bestendigst thuen konnen, sollen oder moegen, ihres obgerurten Leibeigenthumbs frei, ledig und loeß sagen und geben, alß daß sie nun hinfurter freier Leute Freiheiten, Privilegien, Recht und Gerechtigkeiten in Stetten, Vlecken und Wibbolten, auch Ampten und Gilden, wahr ihr das gefellig und gelegen sein will, one unser und unser Nachkommen zum Stifft Oßnabrugk und meninglichs Insperrung zu geprauchen, geniessen und erfrewen solle und muege. Des wir zur Urkundt unseren Siegell hieniden anhangen lassen. Geben im fünffzehenhundert und zwei und neunzigszen Jaren, am 23. Monatstage Maij. – (fol. 3 [15r] f.)

<6> **29. Mai 1592**

Jürgen Luer, dem Amt Wittlage eigen, S.d. Jürgen Luer u.d. Anna Cloisterman, Ksp. Essen und Bs. Lockhausen – (fol. 3‘ [15v] f.)

<7> **30. Mai 1592**

Johan Vasinck, dem Amt Fürstenau eigen, natürlicher S.d. † Johan Vasingk und der Hille, im Ksp. Ueffeln wohnhaft – (fol. 4 [16r] f.)

<8> **12. Juli 1592**

Hille Schulten, dem Amt Fürstenau eigen, T.d. † Herman Schulten und Gese, im Dorf Ankum wohnhaft – (fol. 5 [17r])

<9> **21. August 1592**

Herman zu Reckentorff, dem Amt Iburg eigen, S.d. Heinrich zu Reckentorff u. Ursulen, Ksp. Hilter, Bs. Natrup (Nortrupf) – (fol. 5‘ [17v] f.)

<10> **4. September 1592**

Catharina Bruwers, dem Amt Iburg eigen, natürliche Tochter des Herman Bruwers u.d. Anna Metelers, im Dorf und Ksp. Versmold wohnhaft – (fol. 6 [18r] f.)

<11> **28. Oktober 1592**

Cordt Berckenbusch, dem Amt Reckenberg eigen, S.d. Johan Berckenbusch u.d. Gertrudt, Ksp. Gütersloh, Bs. Kattenstroth – (fol. 7 [19r] f.)

<12> **28. Oktober 1592**

Gertraudt Pagenstroidt, dem Amt Reckenberg eigen, T.d. Johan Pagenstroidt u.d. Gertrudt, Ksp. Gütersloh, Bs. Kattenstroth – (fol. 8 [19v] f.)

<13> **3. März 1593**

Anna Steinlage, dem Amt Reckenberg

eigen, T.d. Johann Steinlage und Anna, Ksp. Neuenkirchen, Bs. Druffel – (fol. 8' [20v])

<14> **3. März 1593**
Johan Ruwenstrot, dem Amt Reckenberg eigen, S.d. Johan Ruwenstrot u.d. Gertrud, Ksp. Gütersloh, Bs. Nordhorn – (fol. 9 [21r] f.)

<15> **4. April 1593**
Aleke Krampe, dem Amt Iburg eigen, T.d. Gerdt Krampe u.d. Kunne, auf Krampes Erbe im Ksp. Hilter – (fol. 9' [21v] f.)

<16> **12. Mai 1593**
Gerdt Gomann, dem Amt Fürstenau eigen, S.d. Hermann Goman u.d. Anna, Ksp. Neuenkirchen, Bs. Lintern – (fol. 10' [22v] f.)

<17> **12. Mai 1593**
Jörien Alberingk, dem Amt Fürstenau eigen, S.d. † Johan Alberingk u.d. Anna, Dorf und Ksp. Alfhausen – (fol. 11 [23r] f.)

<18> **28. Mai 1593**
Anna Meiers, dem Amt Fürstenau eigen, T.d. † Roleff Meier zu Starten u.d. Anna, Ksp. Ankum – (fol. 11' [23v] f.)

<19> **12. Februar 1593**
Taleke Sickmans, dem Amt Fürstenau eigen, T.d. Herman Sickmann u.d. Grete, auf Sickmans Erbe im Ksp. Badbergen, Bs. Langen – (fol. 12-13 [24r-25r] f.)

<20> **23. Juni 1593**
Catharina Bueren, dem Amt Fürstenau eigen, T.d. Herman Bueren u.d. Else, auf Buerens Erbe im Ksp. Ankum, Bs. Rüssel – (fol. 13 [25r] f.)

<21> **24. Juni 1593**
Wibbeke zu Holte mit ihrem Kind Lucke, dem Amt Vörden eigen, T.d. Johan Meier zu Holte u. Lucke, Ksp. Damme, Bs. Holte – (fol. 14 [26r])

<22> **24. Juni 1593**
Geseke zu Dalinckhausen, dem Amt Vörden eigen, T.d. Heinrich zu Dalinckhausen u.d. Wibbeke, Ksp. Damme, Bs. Holte – (fol. 14' [26v] f.)

<23> **3. September 1593**
Grete Meiers zu Deveren, dem Amt Fürstenau eigen, T.d. Johann Meier zu Deveren u.d. Grete, auf dem Meiershof zu Devern, Ksp. Badbergen – (fol. 15 [27r] f.)

<24> **20. Oktober 1593**
Anna Franckamps, dem Amt Fürstenau eigen, natürliche T.d. Heinrich Franckamps u.d. Wobbeke Bevckenn – (fol. 15' [27v] f.)

<25> **2. Oktober 1593**
Greta Emptmeiers, dem Amt Wittlage eigen, T.d. Albert Emptmeier u.d. Catharina, auf dem Emptmeiers Hof, Ksp. Essen – (fol. 16-17 [28r-29r])

<26> **2. Oktober 1593**
Anna Kerckhoff, dem Amt Wittlage eigen, T.d. † Balthasar Kerckhoff u.d. Anna, Ksp. Essen, Bs. Harpenfelde – (fol. 17 [29r] f.)

<27> **20. Oktober 1593**
Anna zu Kodinghaußen, dem Amt Reckenberg eigen, T.d. Johann zu

Kodinghaußen u.d. Agneta, Ksp. Wiedenbrück, Bs. Lintel (Lintlohe) – (fol. 17' [29v] f.)

<28> 27. Oktober 1593
Töbe zu Severingkhausen, dem Amt Vörden eigen, T.d. Dietherich zu Severinckhausen u.d. Greta, Ksp. Neuenkirchen, Bs. Hörsten – (fol. 18-19 [30r-31r])

<29> 30. Januar 1594
Greta zu Bokeren, dem Amt Fürstenau eigen, T.d. Johan zu Bokeren u.d. Gese, Ksp. Merzen (Merßen), Bs. Bokeren[2] – (fol. 19 [31r] f.)

<30> 2. März 1594
Pancratius Gesen, dem Amt Reckenberg eigen, S.d. Gesen Herman u.d. Else, Ksp. Gütersloh, Bs. Avenwedde – (fol. 19'-20' [31v-32v] f.)

<31> 18. März 1594
Brune Kurre,[3] dem Amt Vörden eigen, S.d. Johan Kurre u.d. Wibbe, Kp. Damme, Bs. Grandorf – (fol. 20' [32v] f.)

<32> 16. Juni 1594
Stine Hoyers, dem Amt Fürstenau eigen, T.d. Wileken Hoyer u.d. Tobe, Ksp. Ankum, Bs. Westerholte – (fol. 21-22 [33r-34r])

<33> 2. Juli 1594
Hermann Hemmelgarden, dem Amt Fürstenau eigen, S.d. † Lubbeke Hemmelgarden u.d. Tale, Ksp. Neuenkirchen, Bs. Limbergen – (fol. 22 [34r] f.)

<34> 30. September 1594
Jacob Krutzkamp, dem Amt Iburg eigen, S.d. Jürgen Krutzkamp u.d. Grete, Ksp. Oesede, Bs. Dröper (Drope) – (fol. 22' [34v] f.)

<35> 2. Oktober 1594
Luer Severdinck, dem Amt Vörden eigen, S.d. Johan Severding u.d. Lucke, Ksp. Damme, Bs. Osterdamme (Oesterdamme) – (fol. 23 [35r] f.)

<36> 30. Oktober 1594
Herman Rotbert,[4] dem Amt Fürstenau eigen, S.d. Johan Rotbert u.d. Catharina, Ksp. Badbergen, Bs. Lechterke – (fol. 23' [35v] f.)

<37> 30. Oktober 1594
Anna Brinck Ludeken, dem Amt Fürstenau eigen, T.d. Brinck Ludeken u. Lucke, Ksp. Ankum, Bs. Aslage (Asselage) – (fol. 24' [36v])

<38> 16. Dezember 1594
Anneke Deperweg, dem Amt Vörden eigen, T.d. Ludeke Deperweg u. Gese, Ksp. Neuenkirchen, Bs. Hörsten – (fol. 25 [37r])

<39> 20. November 1594
Elsche Kokers, dem Amt Reckenberg eigen, T.d. Henrich Kokers u.d. Gertrud zum Tegelhaus <im Dorf Gütersloh wohnhafft> – (fol. 25' [37v])

<40> 11. Januar 1595
Tele Hardinckhauß, dem Amt Vörden eigen, T.d. Gerdt Hardinckhauß u.d. Anna, Ksp. Neuenkirchen, Bs. Hörsten – (fol. 26 [38r])

---

2 Nach DÜRING, Ortschaftsverzeichniß, S. 53, eigentlich zum Ksp. Schwagstorf gehörig.

3 Überschrift: Brune und Thale Kurre verscheidene Brieffe.

4 Überschrift: Herman, Lubbert, Jurgen unnd Warneke Gebrudere Rotbert.

<41> 20. März 1595
Johan Erdtbrinck zu Dissen, S.d. Johann Erdtbrinck u.d. Anna – (fol. 26 [38r])

<42> 1. März 1595
Margarete zu Aselage, dem Amt Fürstenau eigen, T.d. Johan Schulte zu Aselage u.d. Helle auf dem Schulten- oder Meierhof zu Aslage (Asselage) wohnhaft – (fol. 26' [38v])

<43> 13. März 1595
Johan Heßkamp, dem Amt Fürstenau eigen, natürlicher S.d. Johann Heßkamp u.d. Tale, Schwester des Schulten zu Doeten [Ksp. Ankum] – (fol. 27 [39r])

<44> 24. Mai 1595
Wobbeke Alberings, dem Amt Fürstenau eigen, T.d. Johann Alberings u.d. Anna, auf Alberings Erbe im Dorf Alfhausen – (fol. 27' [39v])

<45> 28. Juni 1595
Anna ufr Mersch, dem Amt Iburg eigen, T.d. † Roleff ufr Mersch u.d. Anna, auf einem beim Flecken und Haus Iburg gelegenen Kotten wohnhaft – (fol. 28 [40r])

<46> 9. August 1595
Wibbeke Oestinck, dem Amt Vörden eigen, T.d. Herman Oestinck u.d. Anna, Ksp. Damme, Bs. Rüschendorf – (fol. 28' [40v])

<47> 9. August 1595
Heinrich zu Ampteren, dem Amt Vörden eigen, S.d. † Lubbeke zu Ampteren und Thoebe, Ksp. Damme, Bs. Grandorf – (fol. 29 [41r])

<48> 12. November 1595
Marrieken zum Dale, dem Amt Reckenberg eigen, T.d. Christian zum Dale u.d. eigenbehörigen Catharina, diese Catharina ist von Stükerjürgen in der Bs. Spexard gebürtig – (fol. 29' [41v])

<49> 15. November 1595
Helle Buddeken, dem Amt Vörden eigen, T.d. Herman Buddeke u.d. Hille, Ksp. Bramsche, Bs. Achmer – (fol. 30 [42r])

<50> 15. November 1595
Catharina Laerberg,[5] dem Amt Vörden eigen, T.d. Wessell Laerberg u.d. Catharina, Ksp. Bramsche, Bs. Achmer – (fol. 30' [42v])

<51> 18. Dezember 1595
Catharina Sickman, dem Amt Fürstenau eigen, T.d. Herman Sickman u.d. Grete, auf Sickmans Erbe im Ksp. Badbergen, Bs. Langen – (fol. 31 [43r])

<52> 18. März 1596
Everdt zu Kodinckhaußen, dem Amt Reckenberg eigen, S.d. Johann zu Kodinckhaußen u.d. Agneta, Ksp. Wiedenbrück, Bs. Lintel (Lintlohe) – (fol. 31' [43v])

<53> 14. Mai 1596
Jürgen Beckerman, dem Amt Fürstenau eigen, S.d. Johan Beckerman u. [Leerraum], Ksp. Badbergen, Bs. Grönloh (Gronloe) – (fol. 32 [44r])

<54> 31. Mai 1596
Rembert Meier zu Starten, dem Amt Fürstenau eigen, S.d. Rudolff Meier zu Starten u.d. Anna, auf dem Meierhof

5 Überschrift: Catharina unnd Anna Laerbergs, verscheidentlich.

zu Starten im Ksp. Ankum, Bs. Westerholte – (fol. 32‘ [44v]) [6]

<55> 23. September 1596
Berendt Boickman, dem Amt Fürstenau eigen, S.d. Berendt Boickmann u.d. Lucke, auf Boickmans Erbe im Dorf Ankum – (fol. 34 [45r])

<56> 12. September 1596
Cordt Rove, dem Amt Reckenberg eigen, S.d. † Johan Rove u.d. † Grete, Ksp. Gütersloh, Bs. Avenwedde – (fol. 34‘ [45v])

<57> 12. September 1596
Herman Verhoff, dem Amt Reckenberg eigen, S.d. Johann Verhoff u.d. Grete, Ksp. Wiedenbrück auf Verhoffs Kotten an der Schiffheide – (fol. 35 [46r])

<58> 11. September 1596
Arendt Wolckinck, dem Amt Vörden eigen, natürlicher S.d. Johan Seveke u.d. Grete Wolcking – (fol. 35‘ [46v])

<59> 20. Dezember 1596
Elße Mollenbrock, dem Amt Reckenberg eigen, T.d. Heinrich Mollenbrock u.d. Gertrudt, Bs. Kattenstroth – (fol. 36 [47r])

<60> 21. Dezember 1596
Johan Mugge, dem Amt Reckenberg eigen, S.d. Peter u.d. Gertrud Mugge – (fol. 36‘ [47v])

<61> 15. Dezember 1596
Jorien Wollerman, dem Amt Fürstenau eigen, T.d. Johan Wollerman u. Gese, Ksp. Badbergen, Bs. Grönloh – (fol. 37 [48r])

<62> 15. Dezember 1596
Tobe zu Braken, dem Amt Fürstenau eigen, T.d. Wessell zu Braken u.d. Tobe, auf dem Braken Erbe, Ksp. Badbergen, Bs. Grönloh – (fol. 37‘ [48v])

<63> 3. März 1597
Herman Jeleman, dem Amt Fürstenau eigen, S.d. Herman Jeleman u.d. Hille, Ksp. Badbergen, Bs. Wehdel (Wehell) – (fol. 38 [49r])

<64> 15. März 1597
Herman Severdinck, dem Amt Vörden eigen, S.d. Johan Severdinck u.d. Lucke, Ksp. Damme, Bs. Osterdamme – (fol. 38‘ [49v])

<65> 23. August 1597
Tobe Burlage, dem Amt Fürstenau eigen, T.d. † Herman Burlage u.d. † Anna, Ksp. Ankum, Bs. Talge – (fol. 39 [50r])

<66> 20. September 1597
Henrich Meier zu Bakum, dem Amt Grönenberg eigen, S.d. Cordt Meier zu Bakum u.d. Anna, Ksp. Melle, Bs. Bakum – (fol. 39‘ [50v])

<67> 20. Juli 1597
Elsche Meisterman, dem Amt Fürstenau eigen, T.d. Herman Meisterman u.d. Anna, Dorf Alfhausen – (fol. 40 [51r])

<68> 20. Dezember 1597
Johann Schuermann, dem Amt Iburg eigen, S.d. Herman Schuerman u.d. Catharina, Ksp. Schledehausen, Bs. Ellerbeck – (fol. 40‘ [51v])

6 In der Originalseitenzählung ist 33 übersprungen/vergessen worden!

<69> 15. Dezember 1597
Tale Greven, dem Amt Fürstenau eigen, T.d. Heinrich Greven u.d. Tale, Ksp. Badbergen, Bs. Grönloh – (fol. 41 [52r])

<70> 20. Dezember 1597
Tale Schuecks und ihr Sohn Wileken, dem Amt Vörden eigen, T.d. Johann Schuecks u.d. Fenne, Ksp. Neuenkirchen, Bs. Hörsten – (fol. 41‘ [52v])

<71> 13. April 1598
Ebbeken Jacob zum Banse, dem Amt Reckenberg eigen, S.d. Jacob zum Banse u. Nete, Ksp. Gütersloh, Bs. Avenwedde – (fol. 42 [53r])

<72> 13. April 1598
Johan Rove, dem Amt Reckenberg eigen, S.d. Johan Rove u.d. Margaretha, Ksp. Gütersloh, Bs. Avenwedde – (fol. 42 [53r])

<73> 13. April 1598
Johan zum Strange, dem Amt Reckenberg eigen, S.d. Jacob zum Strange u.d. Christina, Ksp. Gütersloh, Bs. Avenwedde – (fol. 42‘ [53v])

<74> 13. April 1598
Anna Steinlage, dem Amt Reckenberg eigen, T.d. Evert Steinlage u. Catharina, Ksp. Neuenkirchen, Bs. Druffel – (fol. 42‘ [53v] f.)

<75> 13. April 1598
Anna zur Sluppen, dem Amt Reckenberg eigen, T.d. Gerdt zur Sluppen u.d. Gerdrut, Ksp. Gütersloh, Bs. Avenwedde – (fol. 43 [54r])

<76> 1. August 1598
Johan Beckerman, dem Amt Fürstenau eigen, S.d. Johann Beckerman u.d. Georgen(!), Ksp. Badbergen, Bs. Grönloh – (fol. 43 [54r] f.)

<77> 1. August 1598
Herman Oieman, dem Amt Fürstenau eigen, S.d. Johan Oieman u.d. Catharina, Ksp. Badbergen, Bs. Wehdel (Wehel) – (fol. 43‘ [54v])

<78> 20. Dezember 1598
Greta zu Kodinghaussen und ihre mit Johan Roden gezeugte Tochter Anna, beide dem Amt Reckenberg eigen, Ksp. Wiedenbrück, Bs. Lintel – (fol. 43‘ [54v])

<79> 28. Juli 1598
Herr Peter Lembruch, dem Amt Grönenberg eigen, S.d. Arndt Lembruch u.d. Catharina, auf dem Lembruchs Gut im Ksp. Buer, hat sich zum geistlichen Stand und Predigtamt begeben – (fol. 44 [55r] f.)

<80> 12. August 1598
Deppen Redeker, dem Amt Reckenberg eigen, S.d. Andreas Redeker u.d. Catharina, Ksp. Gütersloh, Bs. Avenwedde – (fol. 44‘ [55v])

<81> 21. November 1598
Thomas Rolekingk, dem Amt Wittlage eigen, S.d. Johann Rolekingk u.d. Gesa, Ksp. Essen, Bs. Harpenfelde – (fol. 45 [56r])

<82> 14. August 1598
Gerdt Meier, dem Amt Vörden eigen, S.d. Johann Meier u.d. Margaretha, auf dem Meierhofe im Ksp. Bramsche wohnhaft – (fol. 46 [57r]) [7]

---

7 Fol. 44‘ [56v] ist eine Leerseite.

<83> 16. August 1598
Peter Kranenstover, dem Amt Grönenberg eigen, S.d. Heinrich Kranenstover u.d. Anna, Ksp. Melle, Bs. Gerden – (fol. 46 [57r])

<84> 2. Dezember 1598
Gretha Alberding, dem Amt Fürstenau eigen, T.d. Johan Alberding u.d. Elße, Dorf Alfhausen – (fol. 46‘ [57v])

<85> 27. Januar 1599
Hermann Middelkamp, dem Amt Fürstenau eigen, S.d. Warneke Middelkamp u.d. Anna, Ksp. Badbergen, Bs. Grönloh – (fol. 46‘ [57v] f.)

<86> 27. Januar 1599
Tobe Rovekamp, dem Amt Fürstenau eigen, T.d. Tepe Rovekamp und der eigenbehörigen Catharina Oieman – (fol. 47 [58r] f.)

<87> 21. Februar 1599
Henrich zur Widen, dem Amt Reckenberg eigen, S.d. Johan zur Widen u.d. Elße, Ksp. Gütersloh, Bs. Kattenstroth – (fol. 47‘ [58v] f.)

<88> 21. Februar 1599
Catharina Berckenbusch, dem Amt Reckenberg eigen, T.d. Johan Berckenbusch u.d. Gretha, Ksp. Gütersloh, Bs. Kattenstroth – (fol. 48 [59r])

<89> 7. Februar 1599
Lucke Burlage, dem Amt Fürstenau eigen, T.d. Johan Burlage u.d. Gretha, Ksp. Ankum – (fol. 48‘ [59v])

<90> 2. März 1599
Johan Grevinckhoff, dem Amt Vörden eigen, S.d. Johan Grevinckhoff u.d. Gretha, Ksp. Bramsche, Bs. Hesepe – (fol. 49 [60r])

<91> 2. März 1599
Johan Fruchte, dem Amt Vörden eigen und zuvor von der Witwe und den Brüdern v.d.Bussche angewechselt, [unehelicher?] S.d. Johan Schneider u.d. Gretha Fruchting, Ksp. Engter – (fol. 49 [60r])

<92> 4. Juni 1599
Stineke zu Bockerenn, dem Amt Vörden eigen, T.d. Meier Ludeke zu Bockeren u.d. Catharina, Ksp. Damme, Bs. Holte – (fol. 49‘ [60v])

<93> 10. Mai 1599
Lambert Greve, dem Amt Fürstenau eigen, ehelicher S.d. Jorien Greve u.d. eigenbehörigen Catharina Wollerman – (fol. 49‘ [60v] f.)

<94> 30. Juni 1599
Gertrud Schurman, dem Amt Reckenberg eigen, T.d. Dirick Schurman u.d. Catharina, Dorf Langenberg – (fol. 50 [61r] f.)

<95> 12. Juli 1599
Jasper zu Malpergen, dem Amt Iburg eigen, S.d. Meiers Augustinus zu Malpergen u.d. Grethe, auf dem Meierhof zu Malbergen im Ksp. St. Johann [Osnabrück]
Ingleichen Jürgen, obgemelten Meiers Sohn – (fol. 50‘ [61v])

<96> 5. August 1599
Herman Machorius, dem Amt Fürstenau eigen, S.d. Franz Machorius u.d. Toebe auf dem Machorius Erbe, Ksp.

Neuenkirchen, Bs. Vinte (Vienete) – (fol. 51 [62r])

<97> 12. Oktober 1599
Herman Brorman, dem Amt Vörden eigen, S.d. Johann Brorman u.d. Mette, Ksp. und Bs. Damme – (fol. 51 [62r])

<98> 10. Oktober 1599
Johann zu Kodingkhausenn, dem Amt Reckenberg eigen, S.d. Johan Kodingkhausenn u.d. Agneta, Ksp. Wiedenbrück, Bs. Lintel (Lintelohe) – (fol. 51‘ [62v])

<99> 13. März 1600
Peter zum Otterpoll, dem Amt Reckenberg eigen, S.d. Arndt Otterpoll u.d. Else, Ksp. St. Vit, Bs. Rentrup – (fol. 51‘ [62v])

<100> 4. März 1600
Johann Dunnemeiger, dem Amt Iburg eigen, S.d. Stephan Dunnemeiger u.d. Lucke, Ksp. Laer (Lahr) – (fol. 52 [63r])

<101> 19. Mai 1600
Elsche Holtgrevinck, dem Amt Grönenberg eigen, T.d. Eggert Holtgreve u.d. Elsche, Ksp. Buer (Baur), Bs. Sehlingdorf (Sullingtorff) – (fol. 52 [63r])

<102> 9. Juni 1600
Henrich Johanningßman, dem Amt Iburg eigen, S.d. Michael Johanningßman u.d. Grethe, auf dem Johanningßmans Erbe im Ksp. St. Johann zu Osnabrück – (fol. 52‘ [63v])

<103> 19. März 1600
Godtschalck zu Bueren, dem Amt Fürstenau eigen, S.d. Herman zu Bueren u.d. Gese, Ksp. Ueffeln, Bs. Balkum (Balckum) – (fol. 52‘ [63v] f.)

<104> 16. Juni 1600
Hermann uff der Pinlage, dem Amt Fürstenau eigen, ehelicher S.d. Johann uff der Pinlage u.d. eigenbehörigen Catharina Macharius – (fol. 53 [64r])

<105> 17. Juni 1600
Hermann zu Westerholte, dem Amt Fürstenau eigen, S.d. † Rudolf Meier zu Westerholte u.d. Grete, Ksp. Ankum, Bs. Westerholte – (fol. 53‘ [64v])

<106> 16. Juni 1600
Catharina Macharius, dem Amt Fürstenau eigen, T.d. Arndt Macharius u.d. Tobe, Ksp. Neuenkirchen, Bs. Vinte (Vinnete) – (fol. 53‘ [64v] f.)

<107> 17. Juni 1600
Tale Schulte, dem Amt Fürstenau eigen, T.d. † Hermann Schulte zu Ankum u.d. Gese, Dorf Ankum – (fol. 54 [65r])

<108> 23. Oktober 1600
Lucke zu Groveren, dem Amt Fürstenau eigen, T.d. Hermann zu Groveren u.d. Tobe, Ksp. Ankum, Bs. Westerholte – (fol. 54 [65r] f.)

<109> 8. Dezember 1600
Hille zu Asselage, dem Amt Fürstenau eigen, T.d. Johann Schulte zu Asselage u.d. Tale, Bs. Aslage – (fol. 54‘ [65v])

<110> 8. Dezember 1600
Berndtt zu Braken, dem Amt Fürstenau eigen, S.d. Wessel zu Braken u.d. Catharina, Ksp. Badbergen, Bs. Grönloh – (fol. 54‘ [65v] f.)

<111> 8. Dezember 1600
Lucke zu Uphausen mit ihrer Tochter Metteken, dem Amt Vörden eigen, T.d. Gerd zu Uphausen u.d. Mette, Ksp. Damme, Bs. Hinnenkamp– (fol. 55 [66r])

<112> 12. März 1600
Elsche zum Rentruppe, dem Amt Reckenberg eigen, T.d. Hermann Meier zu Rentruppe u.d. Elsche, Ksp. St. Vit, Bs. Rentrup – (fol. 55 [66r])

<113> 10. Dezember 1600
Johan zum Elfredde, dem Amt Reckenberg eigen, S.d. Johann zum Elfredde u.d. Catharina, auf dem Elfredde Erbe im Ksp. Neuenkirchen vor dem Dorfe daselbst gelegen – (fol. 55‘ [66v])

<114> 18. Dezember 1600
Johann Oemann, dem Amt Iburg eigen, S.d. Gerlach Oeman u.d. Catharina, im Ksp. Hilter, Bs. Natrup (Nortrup) – (fol. 55‘ [66v])

<115> 20. Dezember 1600
Geseke Bevckens, T.d. Rateken Bevcken im Ksp. Bramsche, Bs. Hesepe, für die Osnabrück eigenbehörige Tochter des Meiers zu Venne, die auf Burlagens Erbe bestattet wurde, angewechselt und dem Amt Wittlage eigen und jetzt freigegeben – (fol. 55‘ [66v] f.)

<116> 24. Februar 1601
Jürgen Averdick, dem Amt Grönenberg eigen, S.d. Jürgen Averdick u.d. Grethe, Ksp. Buer, Bs. Eicken – (fol. 56 [67r] f.)

<117> 21. April 1601
Aleke Holthauß, dem Amt Iburg eigen, T.d. Johann Holthauß u.d. Catharina, Ksp. St. Marien [Osnabrück] – (fol. 56‘ [67v] f.)

<118> 6. Juni 1601
Anna Vathouwers, dem Amt Wittlage eigen, T.d. Wolteken Vathouwers u.d. Hille, Ksp. Barkhausen, Bs. Brockhausen – (fol. 57 [68r])

<119> 28. Juni 1601
Gerdraudt Meier zu Venne, dem Amt Hunteburg eigen, T.d. Gerdt Meier zu Venne u.d. Gerdraudt, Ksp. Venne – (fol. 57 [68r] f.)

<120> 7. Mai 1601
Wobbeke Segers, dem Amt Fürstenau eigen, eheliche T.d. Hermann Segers u.d. eigenbehörigen Stinen Welleman – (fol. 57‘ [68v])

<121> 22. August 1601
Anna Meier, dem Amt Fürstenau eigen, T.d. Rudolf Meier zu Westerholt u.d. Grete, Ksp. Ankum – (fol. 57‘ [68v] f.)

<122> 12. Mai 1600
Lubbeke Buddeke, dem Amt Vörden eigen, S.d. Herman Buddeke u.d. Hille, Ksp. Bramsche, Bs. Achmer – (fol. 58 [69r])

<123> 23. Juli 1601
Greta Saleker, dem Amt Vörden eigen, T.d. Johann Saleker u.d. Gese, Ksp. und Bs. Damme – (fol. 58 [69r])

<124> 23. Juli 1601
Otto Struckhoff, dem Amt Vörden eigen, S.d. Tabbeke Morman u. Lucke Struckhoff, Ksp. Damme, Bs. Holdorf – (fol. 58 [69r])

<125> 10. Mai 1601
Jürgen Ruwe, dem Amt Fürstenau eigen, S.d. Wernesen u.d. Tole, auf dem Ruwen Erbe im Ksp. Badbergen, Bs. Lechterke – (fol. 58‘ [69v])

<126> 4. September 1601
Hermann Bisschoff, dem Amt Iburg eigen, S.d. Dionisio Bisschoff u.d. Catharina, auf dem Harderberge im Ksp. St. Johann [Osnabrück] – (fol. 59 [70r])

<127> 31. März 1601
Fenne Creutzelman, dem Amt Fürstenau eigen, T.d. Gerdt Creutzelman u.d. Fenne, Ksp. Ankum, Bs. Rüssel – (fol. 59 [70r])

<128> 26. Oktober 1601
Anna Aleff sowie ihr Kind Jacob, dem Amt Wittlage eigen, T.d. Jürgen Aleff u.d. Pawell [= Paula], Ksp. Barkhausen, Bs. Rabber – (fol. 59‘ [70v])

<129> 29. November 1601
Lubbeke Hillebrandt, ebenso wie sein Bruder Jorien und seine Schwester Maria, dem Amt Fürstenau eigen, Kinder des Arndt Hillebrandt u.d. Anna, Ksp. Badbergen, Bs. Lechterke – (fol. 59‘ [70v] f.)

<130> 29. November 1601
Anna Helmesing, dem Amt Fürstenau eigen, T.d. Wolteken Helmesing u.d. Lucke, Ksp. Ueffeln, Bs. Balkum – (fol. 60 [71r])

<131> 21. November 1601
Wibbe zu Dalinghaußen, dem Amt Vörden eigen, T.d. Johann zu Dalinghaußen u.d. Wibbe, Ksp. Damme, Bs. Holte – (fol. 60‘ [71v])

<132> 21. November 1601
Hermann Stapelberg, dem Amt Vörden eigen, S.d. Johann Stapelberg u.d. Thessche, Ksp. Bramsche, Bs. Hesepe – (fol. 61 [72r])

<133> 3. Dezember 1601
Fenna Hardinckhauß, dem Amt Vörden eigen, T.d. Gerdt Hardinghauß u.d. Anna, Ksp. Neuenkirchen, Bs. Hörsten – (fol. 61 [72r])

<134> 3. Dezember 1601
Wobbe Suding, dem Amt Vörden eigen, [natürliche?] T.d. Herman Suding u.d. Grete, Ksp. Damme, Bs. Rüschendorf – (fol. 61 [72r])

<135> 22. März 1602
Margaretha Brueßman, dem Amt Iburg eigen, T.d. Herman Brueßman u.d. Catharina, Ksp. Bissendorf, Bs. Natbergen – (fol. 61‘ [72v])

<136> 13. Juni 1602
Herman Merschman, dem Amt Fürstenau eigen, S.d. Johann Merschman u.d. Maria, Ksp. Badbergen, Bs. Grothe; Übertragung des Freibriefs auf seinen Bruder Berendt – (fol. 61‘ [72v] f.)

<137> 13. Juni 1602
Johan Beckerman, dem Amt Fürstenau eigen, S.d. Warneke Beckerman u.d. Grethe, Ksp. Badbergen, Bs. Grothe – (fol. 62 [73r])

<138> 13. Juni 1602
Cathrina Middelkamp, dem Amt Fürstenau eigen, T.d. Werneke u.d. Anna

Middelkamp, Ksp. Badbergen, Bs. Grönloh – (fol. 62 [73r])

<139> 9. Oktober 1602
Gercken Brinckmeier, dem Amt Grönenberg eigen und zuvor vom Domdechanten Benedikt Korff angewechselt, S.d. Albert Brinckmeier u.d. Anna, Ksp. Riemsloh – (fol. 62 [73r] f.)

<140> 17. Oktober 1602
Gerdruit in der Widenstroit, dem Amt Reckenberg eigen, T.d. Franz in der Widenstroit u.d. Trine, Ksp. Gütersloh, Bs. Avenwedde – (fol. 62' [73v] f.)

<141> 17. Oktober 1602
Ermegart Pagenstroit, dem Amt Reckenberg eigen, T.d. Hans Pagenstroit u.d. Gerdruth, Ksp. Gütersloh, Bs. Avenwedde. (fol. 63 [74r])

<142> 4. November 1602
Herman Nettelding, dem Amt Fürstenau eigen, ehelicher S.d. Herman Nettelding u.d. Anna Schirings, Ksp. Badbergen – (fol. 63' [74v] f.)

<143> 4. November 1602
Modeke Anßman, dem Amt Fürstenau eigen, T.d. Johann Anßman u.d. Modeke, Ksp. Ankum, Bs. Besten (Bersten) – (fol. 64 [75r])

<144> 26. November 1602
Tale Lufoldingk, dem Amt Fürstenau eigen, T.d. Rembert Lufoldingk u.d. Tale, Ksp. Ankum, Bs. Druchhorn (Dreuthoren) – (fol. 64 [75r])

<145> 4. April 1603
Catharina Gerveßman, dem Amt Fürstenau eigen, T.d. Johan Gerveßman u.d. Hille, Ksp. Badbergen, Bs. Wulften – (fol. 64' [75v])

<146> 4. April 1603
Herman Hackeman, dem Amt Fürstenau eigen, S.d. Gerdt Hackeman u.d. Lucke, Ksp. Badbergen, Bs. Grothe – (fol. 65 [76r])

<147> 4. April 1603
Boße von Westorpe, dem Amt Fürstenau eigen, ehelicher S.d. Herman von Westorpe u.d. eigenbehörigen Schwancken Bunen, Ksp. Ankum – (fol. 65 [76r])

<148> 1603
Jurgen zum Berge, dem Amt Wittlage eigen, S.d. Ebbeken zum Berge u.d. Anna, Ksp. Venne, Bs. Warll [= Vorwald?] – (fol. 65' [76v])

<149> 1603
Johan zue Kollentorpe, dem Amt Reckenberg eigen, S.d. Baltz u.d. Nelle zue Kollentorpe, Ksp. Stromberg, Bs. Köllentrup – (fol. 65' [76v])

<150> 12. Mai 1603
Johann Meier, S.d. Meiers zu Stockum u.d. Anna zur Heden, da diese freier Geburt war, soll nach dem Ehevertrag vom 22. November 1575 das älteste Kind an ihrer Statt frei sein – (fol. 66 [77r] f.)

<151> 30. August 1603
Catharina Roleffs, dem Amt Iburg eigen, T.d. Roleff uffr Mersch u.d. Anna, auf dem Roleffs Kotten uffr Mersch vor Iburg – (fol. 66' [77v])

<152> 15. Juli 1603
Lambert Breckwede, dem Amt Fürstenau eigen, S.d. Peter Breckwede u.d. Tobe, Ksp. Ankum, Bs. Brickwedde (Breckwede) – (fol. 67 [78r])

<153> 16. Juli 1603
Gerdt zue Buren, dem Amt Fürstenau eigen, S.d. Herman zue Buren u.d. Tobe, Ksp. und Bs. Ueffeln – (fol. 67' [78v])

<154> 30. August 1603
Christoffer Brombsturff, S.d. Gerdt zum Brombsturff u.d. Ilse Segeberdz, Ksp. Lotte, Gft. Tecklenburg, seine Mutter stammt vom Osnabrücker eigenbehörigen Segeberdz Erbe im Ksp. Belm, Amt Iburg, [die tecklenburgischen Beamten Ameling von Varendorff und Rudolf Valcke] // RS: H. secretario Johan Albert vom Busch zuzustellen] – ([79r = eingelegter Zettel])

<155> 26. Juli 1603
Wilcke Frerekingk, dem Amt Vörden eigen und zuvor gegen Wichman Sudingk angewechselt, S.d. Johan Frerekinck u.d. Thale, Ksp. Damme – (fol. 68 [80r])

<156> 29. Oktober 1603
Reichardt Meier zur Wehel, dem Amt Fürstenau eigen, S.d. Schweithardt Meier zu Wehel u.d. Catharina, Ksp. Badbergen, Bs. Wehdel (Wehel) – (fol. 68' [80v] f.)

<157> 30. Oktober 1603
Catharina Hakeman, dem Amt Fürstenau eigen, T.d. Gerdt Hackeman u.d. Lucke, Ksp. Badbergen, Bs. Grothe – (fol. 69 [81r])

<158> 30. Oktober 1603
Rudolff Meier zu Devern, dem Amt Fürstenau eigen, S.d. † Johann Meier zu Devern u.d. Grethe, Ksp. Badbergen, Bs. Grothe – (fol. 69 [81r])

<159> 20. Oktober 1603
Tobe Meisterman, dem Amt Fürstenau eigen, T.d. † Herman Meisterman u.d. Anna, Ksp. Alfhausen, Bs. Wallen – (fol. 69 [81r])

<160> 4. November 1603
Tobe zum Braken, dem Amt Fürstenau eigen, T.d. Wessel zum Braken u.d. Catharina, Ksp. Badbergen, Bs. Grönloh – (fol. 69 [81r])

<161> 29. November 1603
Elsa Grevenn,[8] dem Amt Fürstenau eigen, T.d. Henrich Grevenn u.d. Tale, Ksp. Badbergen, Bs. Grönloh – (fol. 69 [81r])

<162> 27. August 1603
Catharina Weilemeier, dem Amt Iburg eigen, T.d. Gerdt Weilemeier u.d. † Margretha, Ksp. Oesede, Closterbauerschaft – (fol. 69' [81v])

<163> 27. August 1603
Engele Weilemeier,[9] dem Amt Iburg eigen, T.d. Gerdt Weilemeier u.d. seine jetzige Frau Catharina, Ksp. Oesede, Closterbauerschaft – (fol. 69' [81v])

<164> 27. August 1603
Johan Haußeworden, dem Amt Iburg eigen, S.d. Jurgen Haußeworden u.d.

8 Am Rand fälschlich auf den Vater Heinrich Greve bezogen.

9 Am Rand fälschlich auf den Vater Gerdt Weilemeier bezogen.

Margretha, Ksp. St. Johann [Osnabrück] – (fol. 69‘ [81v])

<165> **20. Januar 1604**
Schwestern Anna und Greta Goßman, dem Amt Fürstenau eigen, T.d. Herman u.d. Anna Goßman, Ksp. Badbergen, Bs. Grönloh, – (fol. 69‘ [81v])

<166> **28. Januar 1604**
Catharina Molleman, dem Amt Fürstenau eigen, T.d. Hermann Molleman u.d. Wobbe, Ksp. Ankum, Bs. Rüssel – (fol. 69‘ [81v])

<167> **26. Februar 1604**
Tale Roterman, dem Amt Fürstenau eigen, T.d. Herman Roterman u.d. Schwaneke, Ksp. Ankum, Bs. Rüssel – (fol. 69‘ [81v])

<168> **29. Februar 1604**
Herman Pawe [Pauue], dem Amt Iburg eigen, ehelicher S.d. Curdt Pawe u.d. eigenbehörigen Margretha Schuetzen, Ksp. Dissen – (fol. 70 [82r])

<169> **12. April 1604**
Andreß Frantz, dem Amt Reckenberg eigen, S.d. Frantz im Oelbruche u.d. Catharina, Ksp. Gütersloh, Bs. Spexard – (fol. 70 [82r])

<170> **28. April 1604**
Gerdt zue Eye, dem Amt Fürstenau eigen, ehelicher S.d. Johan zue Eye u.d. Anna zue Doeten, Ksp. Ankum – (fol. 70 [82r])

<171> **12. Mai 1604**
NN[10] Frersinck, dem Amt Fürstenau eigen, Kind des Herman Frersing u.d. Debke, Ksp. und Bs. Ueffeln – (fol. 70‘ [82v])

<172> **25. Mai 1604**
Brüder Thomas und Walteke Helmesing, dem Amt Fürstenau eigen, S.d. Walteke Helmesing u.d. Lucke, Ksp. Ueffeln, Bs. Balkum – (fol. 70‘ [82v])

<173> **19. Juli 1604**
Otto Pagenstroit, dem Amt Reckenberg eigen, S.d. Herman Pagenstroit u.d. Catharina, Ksp. Gütersloh, Bs. Kattenstroth – (fol. 70‘ [82v])

<174> **1. August 1604**
Herman Seger, dem Amt Fürstenau eigen, S.d. Herman Seger u.d. eigenbehörigen Stine Welleman, Ksp. Alfhausen – (fol. 70‘ [82v])

<175> **6. August 1604**
Greta Engelberts, dem Amt Vörden eigen, T.d. Heinrich Engelbert u.d. Greta, Ksp. Neuenkirchen, Bs. Hörsten – (fol. 70‘ [82v] f.)

<176> **6. August 1604**
Anna Wyte, dem Amt Vörden eigen, T.d. Giseke Wyte u.d. Geseken, Ksp. Neuenkirchen, Bs. Rieste[11] – (fol. 71 [83r])

<177> **6. August 1604**
Lucke zue Handorff, dem Amt Vörden eigen, T.d. † Heinrich zue Handorff u.d. Anna, Ksp. Damme, Bs. Holdorf – (fol. 71 [83r])

<178> **6. Oktober 1604**
Herman Brinckman, dem Amt Fürs-

10 Lücke für den nicht eingetragenen Vornamen.

11 Vgl. unten Nr. 289, dort richtig Bs. Bieste als Wohnort angegeben!

tenau eigen, S.d. Herman Brinckman u.d. Hille, Dorf Ankum – (fol. 71 [83r])

<179> 1604
Lucke Yde, dem Amt Vörden eigen, [uneheliche?] T.d. Yde zu Handorff im Ksp. Damme, Bs. Grandorf, u.d. Wilhelm Herssebruch – (fol. 71 [83r])

<180> 10. Oktober 1604
Walberg bei der Becke, dem Amt Vörden eigen, T.d. Otto bei der Becke u.d. Thale, in Hörsten – (fol. 71‘ [83v])

<181> 20. September 1604
Otto Meier von Bregsten der zuvor gegen Johan Twelmeier an das Amtshaus Iburg gewechselt worden war – (fol. 71‘ [83v])

<182> 30. August 1604
Johan Wesselkamp, S.d. † Peter Wesselkamp u.d. Lucke, Ksp. Ankum, Bs. Rüssel – (fol. 71‘ [83v])

<183> 21. November 1604
Catharina Wollerman, T.d. Johann Wollerman u.d. Gese, Ksp. Badbergen, Bs. Grönloh – (fol. 71‘ [83v])

<184> 21. November 1604
Johann Giseke, ehelicher S.d. Herman Giseke u.d. eigenbehörigen Catharina Wollerman, Ksp. Badbergen – (fol. 71‘ [83v](

<185> 28. Januar 1605
Johan Molleman, dem Amt Vörden eigen, S.d. † Johan Molleman u.d. Grete, zu Bramsche – (fol. 71‘ [83v] f.)

<186> 26. Februar 1605
Tale zue Uphaussen, T.d. Herman zue Uphaussen u.d. Thale, Ksp. Damme, Bs. Hinnenkamp – (fol. 72 [84r])

<187> 25. März 1605
Amelung vom Bussche, [unehelicher?] S.d. Maria Tepen, Ksp. Hilter – (fol. 72 [84r])

<188> 12. April 1605
Elsche Schellers, dem Amt Reckenberg eigen, T.d. Ilies Schellers u.d. Margareta, Ksp. Neuenkirchen – (fol. 72 [84r])

<189> 10. Mai 1605
Margaretha Buntefogels, T.d. Johan Buntefogels u.d. Catharina, Ksp. Laer – (fol. 72 [84r])

<190> 10. Mai 1605
Anna Schellers, dem Amt Reckenberg eigen, T.d. Johan Schellers u.d. Margareta, Ksp. Neuenkirchen – (fol. 72‘ [84v])

<191> 4. Juni 1605
Elsche Steinman, T.d. Lutmar Steinman u.d. Tale, Ksp. Damme, Bs. Osterdamme – (fol 72‘ [84v])

<192> 30. Juli 1605
Johan Dirking, dem Amt Iburg eigen, S.d. Jurgen Dirking u.d. eigenbehörigen Catharina Meiers, Ksp. Bissendorf – (fol. 72‘ [84v])

<193> 22. Februar 1605
Hilla Jeleman, T.d. Herman Jeleman u.d. Hille, Ksp. Badbergen, Bs. Wehdel – (fol. 72‘ [84v])

<194> 13. August 1605
Lambert Macke, S.d. Reineke Macke u.d. Agneta, Dorf Ankum – (fol. 72‘ [84v])

<195> 16. August 1605
Tobe Kampman, uneheliche T.d. Johan Kampman u.d. eigenbehörigen Tobe zue Buren – (fol. 72‘ [84v])

<196> 17. August 1605
Geschwister Wernse, Gerdt, Catharina und Tobe Ruwen, Kinder des Johan Ruwen u.d. Tobe, Ksp. Badbergen, Bs. Lechterke – (fol. 72‘ [84v])

<197> 16. September 1605
Anna Holtgraffen, T.d. Herman Holtgraffen u.d. Tale, Ksp. und Bs. Ueffeln – (fol. 73 [85r])

<198> 9. Oktober 1605
Jasper Schroder, S.d. Michael Schroder u.d. Anna auf dem Markkotten am Kreienbruch im Ksp. Laer – (fol. 73 [85r])

<199> 1. Juli 1605
Johann Stüker gen. Woistman, [unehelicher?] S.d. Borries Stüker u.d. eigenbehörigen Elsen Wöstmann, Ksp. Gütersloh, Bs. Spexard – (fol. 73 [85r])[12]

<200> 1. Juli 1605
Johan Rove, S.d. Johan Rove u.d. Margreta, Ksp. Gütersloh, Bs. Avenwedde – (fol. 73 [85r])

<201> 12. September 1605
Heinrich ufr Hehe, dem Amt Iburg eigen, S.d. Herman ufr Hehe u.d. Grete, Ksp. Dissen – (fol. 73 [85r])

<202> 7. Oktober 1605
Catharina Morman, dem Amt Vörden eigen, T.d. Heinrich Morman u.d. Catharina, Ksp. Damme, Bs. Grandorf – (fol. 73 [85r])

<203> 25. März 1606
Freigelassene Eigenbehörige des Amtes Fürstenau:
a) Tale Breckwede
b) Taleke Bunen und ihre 2 unehelichen Kinder Herman und Reneke
c) Grete zue Walsum
d) Anna zue Walsum – (fol. 73 [85r])

<204> 1. April 1606
Grete Suding, T.d. Werneke Suding u.d. Tale, Ksp. Damme, Bs. Rüschendorf – (fol. 73‘ [85v])

<205> 1. April 1606
Tale Bussendick, T.d. Herman Bussendick u.d. Anne, Ksp. Bramsche, Bs. Achmer – (fol. 73‘ [85v])

<206> 1. September 1604
Heinrich Grone, S.d. Cordt Grone u.d. Anna, Ksp. Wiedenbrück, Bs. Batenhorst – (fol. 73‘ [85v])

<207> 8. November 1605
Johann Wittebrinck, vom Kramershaus in Brockhagen geboren und vom Haus Sparenberg gegen Jacob Schutfort angewechselt und jetzt freigelassen – (fol. 73‘ [85v])

<208> 8. November 1605
Greta in der Widenstroit, uneheliche T.d. Franz u.d. Catharina, Ksp. Gütersloh, Bs. Avenwedde – fol. 73‘ [85v])

12 Auf einem eingelegten Zettel (fol. 86r) teilt der Reckenberger Rentmeister Christoph Glandorf die Freilassungen von Johan Stüker gen. Woistman und Johan Rove mit, die in Anwesenheit des Drosten von Varendorff geschah.

<209> **8. Juli 1606**
Joist Ruthman, S.d. rietbergischen Eigenbehörigen Lubbert Ruthman u.d. Gertrud, Ksp. Gütersloh, Bs. Avenwedde, für Jacob Pagenstroit an das Amtshaus Reckenberg gewechselt – (fol. 73‘ [85v])

<210> **8. Juli 1606**
Elsche Berkenbusch, T.d. Johann u.d. Margreta, Ksp. Gütersloh, Bs. Kattenstroth – (fol. 73‘ [85v])

<211> **8. Juli 1606**
Margretha Slupman, T.d.[13] Johann Schulte u.d. Margaretha – fol. 73‘ [85v])

<212> **17. August 1606**
Heinrich zue Walsum, dem Amt Fürstenau eigen, S.d. Heinrich zue Walsum u.d. Catharina, Ksp. Ankum, Bs. Rüssel – (fol. 74 [87r])

<213> **4. Februar 1607**
Anna Nolman, T.d. Jurgen Nolman u.d. Catharina, auf der großen Mersch vor Iburg geborn – (fol. 74‘ [87v])

<214> **10. Januar 1607**
Schwestern Schwaneke und Else Creutzelman, T.d. Gerdt Creutzelman u.d. Fenneke, Ksp. Ankum, Bs. Rüssel – (fol. 74‘ [87v])

<215> **10. Januar 1607**
Ties Mese, [unehelicher?] S.d. Lampen Mese u.d. eigenbehörigen Tale Creutzelman – (fol. 74‘ [87v])

13 Nach der Amtsrechnung vom 7. Juli 1606 war sie eine uneheliche Tochter vom Hof Schlüpmann (LA NRW W, Fürstbistum Osnabrück Zentralbehörden [OS-ZB] Nr. 321, Bd. 2).

<216> **10. Januar 1607**
Teleke Rixeman, T.d. Christian Rixeman u.d. Teleken, Ksp. und Dorf Ankum – (fol. 74‘ [87v])

<217> **21. Januar 1607**
Johan Frersingk, S.d. Herman Frerßman u.d. Debbeke, auf Frerßmans Erbe im Ksp. Ueffeln – (fol. 74‘ [87v])

<218> **29. Januar 1607**
Tole zu Aßelage, S.d. Johann Schulte zu Aßelage u.d. Hille, Ksp. Berge – (fol. 75 [88r])

<219> **14. März 1607**
Johan Garthauß, dem Amt Iburg eigen, ehelicher S.d. Heinrich Garthauß u.d. eigenbehörigen Lise zue Oistringen – (fol. 75 [88r])

<220> **13. Mai 1607**
Evert Heckman, aus dem Ksp. Laer – (fol. 75‘ [88v])

<221> **17. April 1607**
Johan Berting, [unehelicher?] S.d. Johan Gotting u.d. Anna Berting, Ksp. Damme, Bs. Osterdamme – (fol. 75‘ [88v])

<222> **17. April 1607**
Heinrich Grever, S.d. Tebbeke Grever u.d. Wibbe, Ksp. Damme, Bs. Holte – (fol. 75‘ [88v])

<223> **9. Oktober 1605**
Jorgen Schnuck, S.d. Johan Schnuck u.d. Fenne, Ksp. Neuenkirchen, Bs. Hörsten – (fol. 75‘ [88v])

<224> **16. Juni 1607**
Catharina Brorman, dem Amt Vörden

eigen, T.d. Johan Brorman u.d. Mette, Ksp. und Bs. Damme – (fol. 75‘ [88v])

<225> **16. Juni 1607**
Margaretha Fruchting, T.d. Evert Fruchte u.d. Anna, Ksp. Engter, zuvor vom Haus Barenau (Barnow) angewechselt – (fol. 75‘ [88v])

<226> **30. Juni 1607**
Catharina Pawe, eheliche T.d. Curdt Pawe u.d. Catharina Schutte, Ksp. Dissen – (fol. 75‘ [88v])

<227> **1607**
Lambert Garthauß, S.d. Heinrich Garthauß u.d. Lise zu Oistringen, die vom Meierhof zu Oistringen stammt – (fol. 75‘ [88v])

<228> **29. August 1607**
Anna Boddekens, T.d. † Herman Bodekens u.d. Else, Ksp. Neuenkirchen, Bs. Lintern – (fol. 76 [89r])

<229> **13. September 1607**
Ludeke und Tobe Anßman, Kinder des Berndt Anßman u.d. Modeke, Ksp. Ankum, Bs. Besten (Bersten) – (fol. 76 [89r])

<230> **13. September 1607**
Cordt Godeman, S.d. Hermann Godeman u.d. Anna, Ksp. Neuenkirchen, Bs. Lintern – (fol. 76 [89r])

<231> **13. September 1607**
Gese Wollerman, T.d. Johan Wollerman u.d. Gese, Ksp. Badbergen, Bs. Grönloh – (fol. 76 [89r])

<232> **13. September 1607**
Hilla Dumen, T.d. Johan Dumen zu Ueffeln u.d. Grete, im Ksp. und Dorf [Ueffeln] – (fol. 76 [89r])

<233> **13. September 1607**
Catharina Middendorp, T.d. Henrich Middendorp u.d. Wibbe, Ksp. Neuenkirchen, Bs. Vinte (Vinnete) – (fol. 76 [89r])

<234> **13. September 1607**
Anna zu Aßlage, T.d. Johan Schulte zu Aßelage u.d. Tale, Bs. Aslage – (fol. 76‘ [89v])

<235> **13. September 1607**
Johan Brinckman, S.d. Johan u.d. Hille Brinckman, Ksp. und Dorf Ankum – (fol. 76‘ [89v])

<236> **13. September 1607**
Hilla Jeleman, T.d. Werneken Jeleman u.d. Catharina, Ksp. Badbergen, Bs. Wehdel (Wehell) – (fol. 76‘ [89v])

<237> **10. Oktober 1607**
Thies Porßken, S.d. Henrich Porßken u.d. Tobe, Ksp. Ueffeln, Bs. Balkum – (fol. 76‘ [89v])

<238> **16. September 1607**
Elßke Roters, T.d. Johan Rotert u.d. Anna, Ksp. und Bs. Damme – (fol. 76‘ [89v])

<239> **12. Februar 1608**
Beleke Haußworden, Ehefrau des Jürgen Hageman, und ihre zwei ehelichen Kinder Margareta und Marie [Hageman], dem Amt Iburg eigen – (fol. 76‘ [89v])

<240> **10. März 1608**
Dorothea Kranstover, dem Amt Grönenberg eigen, T.d. Johan Kranstover

u.d. Margaretha, auf Intercesion Ludolff Valckens freigelassen – (fol. 77 [90r])

<241> 24. Dezember 1607
Herman Mollenbruch, S.d. Otto Mollenbruch u.d. Gertraudt zur Wittlake, wohnhaft im Amt Reckenberg – (fol. 77 [90r])

<242> 24. Dezember 1607
Anna zur Woisten, T.d. Henrich zur Woisten u.d. Grete, im Amt Reckenberg – (fol. 77 [90r])

<243> 24. Dezember 1607
Henrich Verhoff, S.d. Johan Verhoff u.d. Margareta, im Amt Reckenberg – (fol. 77 [90r])

<244> 10. Dezember 1607
Johan Aldekamp, S.d. Henrich Aldekamp u.d. Grete, Ksp. Langenberg, Bs. Ostlangenberg – (fol. 77 [90r])

<245> 10. April 1608
Albert Herbordt, S.d. Johann Herbordt u.d. Geseke, Ksp. Buer – (fol. 77 [90r])

<246> 11. April 1608
Tale und Geseke Schulte, T.d. Gerdt Schulte zu Doeten u.d. Ilse, Ksp. Ankum – (fol. 77‘ [90v])

<247> 11. April 1608
Jorgen und Anna Sickman, Kinder des Herman Sickman u.d. Grete, Ksp. Badbergen, Bs. Langen – (fol. 77‘ [90v])

<248> 11. März 1608
Henrich Ostingk, [unehelicher?] S.d. Herman Oestingk u.d. Anna zu Dalingkhaussen, Ksp. Damme, Bs. Holte – (fol. 77‘ [90v])

<249> 11. März 1608
Johan Oestingk, S.d. Herman Oesting u.d. Anna zu Dalinghaussen, Ksp. Damme, Bs. Holte – (fol. 77‘ [90v])

<250> 11. März 1608
Lucke zu Dalinghaussen, T.d. Johan zu Dalingkhaussen u.d. Lucke, Ksp. Damme, Bs. Holte – (fol. 77‘ [90v])

<251> 11. März 1608
Herman Poppellman, [unehelicher?] S.d. Wolteken Poppellman u.d. Geseken Mersscher, Ksp. Damme, Bs. Borringhausen (Borninghaussen) – (fol. 77‘ [90v])

<252> 10. Mai 1608
Maria Schepers, T.d. Ludeke Schepers u.d. Grete, Ksp. Glane, Bs. Visbeck – (fol. 78 [91r])

<253> 4. Mai 1608
Berendt Ertbrinck, S.d. Johan Ertbrinck u.d. Anna, Ksp. Dissen – (fol. 78 [91r])

<254> 5. Juni 1608
Herman Behrman, S.d. Peter Behrman u.d. Grete, Ksp. Melle, Bs. Gerden – (fol. 78 [91r])

<255> 1. August 1608
Tobe Middendorp, T.d. Henrich Middendorff u.d. Wibbe, Ksp. Neuenkirchen, Bs. Vinte (Vinnete) – (fol. 78 [91r])

<256> 2. Juli 1608
Margareta Beckschroder, T.d. Johan u.d. Grete Beckschroder, Ksp. Borgloh – (fol. 78 [91r])

<257> 1. April 1608
Anna Sickman, T.d. Herman Sickman

u.d. Grete, Ksp. Badbergen, Bs. Langen – (fol. 78 [91r])

<258> 24. September 1608
Fenneke Korff, T.d. Johan Korff u.d. Anna, Ksp. Ankum, Bs. Rüssel – (fol. 78‘ [91v])

<259> 10. Januar 1609
Catharina Stoltman, T.d. Jost Stoltman u.d. Lucia, auf Strotmans(!) Kotten im Ksp. Gesmold – (fol. 78‘ [91v])

<260> 11. Februar 1609
Gertraudt Roleffs, T.d. Roleff auffr Marsch vor Iburg u.d. Anna – (fol. 78‘ [91v])

<261> 10. Juni 1609
Gerdt Lindemann, dem Haus Gesmold eigen, S.d Johan Lindemann u.d. Grete, Ksp. Wellingholzhausen, Bs. Uhlenberg (Ulenberge) – (fol. 78‘ [91v])

<262> 10. März 1609
Gerdt Uphausen, S.d. Henrich zu Uphausen u.d. Anna, Ksp. Damme, Bs. Hinnenkamp – (fol. 78‘ [91v])

<263> 10. März 1609
Catharina zu Handorff, T.d. Henrich zu Handorff u.d. Anna, Ksp. Damme, Bs. Holdorf – (fol. 78‘ [91v])

<264> 10. März 1609
Hilla zu Handorff, T.d. Henrich zu Handorff u.d. Anna, Ksp. Damme, Bs. Holdorf – (fol. 79 [92r])

<265> 16. April 1609
Margareta Beckeschroder, T.d. Johan u.d. Grete Beckeschroder, Ksp. Borgloh – (fol. 79 [92r])

<266> 16. April 1609
Maria Lepper, T.d. Tonnies u.d. Grete Lepper, Ksp. Borgloh – (fol. 79 [92r])

<267> 6. Juli 1609
Catharina Elßemeier, T.d. Herman Elsemeier u.d. Catharina, Ksp. Buer (Buhr), war zuvor von Clamor von dem Bussche dem Amtshaus Wittlage gegen Anna Rattemeier überlassen – (fol. 79 [92r])

<268> 6. Juli 1609
Greta Fricke, T.d. Helmich Fricke u.d. Mette, Ksp. Lintorf, Bs. Hördinghausen – (fol. 79 [92r])

<269> 15. Februar 1609
Tale zu Aßlage, T.d. Henrich zu Aßlage u.d. Anna, Ksp. Ankum, Bs. Aslage– (fol. 79 [92r])

<270> 10. August 1609
Greta Herbordt, T.d. Berndt Herbordt u.d. Engele, Ksp. Buer, Bs. Markendorf – (fol. 79‘ [92v])

<271> 10. August 1609
Liseke Aßbroich, uneheliche T.d. Henrich Aßbroich u.d. eigenbehörigen Lucke Wellenheider, Ksp. Wellingholzhausen, Bs. Kerssenbrock – (fol. 79‘ [92v])

<272> 15. Juni 1608
Anna Boldewich, T.d. Henrich Boldewich u.d. Gertraudt, Ksp. Gütersloh, Bs. Spexard – (fol. 79‘ [92v])

<273> 31. Oktober 1608
Elsche Burenheide, T.d. Hermann zur Burenheide u.d. Anna, Ksp. Gütersloh, Bs. Spexard – (fol. 79‘ [92v])

<274> 31. Oktober 1608
Henrich Krupholler, S.d. Gerdt Krupholler u.d. Catharina, Ksp. Gütersloh, Bs. Spexard – (fol. 79‘ [92v])

<275> 31. Oktober 1608
Johan Berckenbusch, S.d. Johan Berckenbusch u.d. Gerdraut, Ksp. Gütersloh, Bs. Kattenstroth – (fol. 79‘ [92v])

<276> 26. September 1609
Johann Hagttmann, S.d. Johann Hagttmann u.d. eigenbehörigen Anna Dunnemeier, Ksp. Laer – (fol. 80 [93r])

<277> 7. Oktober 1609
Catharina Schone, T.d. Johann Schone u.d. Anna, Ksp. Badbergen, Bs. Lechterke – (fol. 80 [93r])

<278> 7. Oktober 1609
Johann Schone, T.d. Johann Schone u.d. Anna, Ksp. Badbergen, Bs. Lechterke – (fol. 80 [93r])

<279> 7. Oktober 1609
Henrich Marboldt, S.d. Johann Marboldt u.d. Grete, Ksp. Badbergen, Bs. Lechterke – (fol. 80 [93r])

<280> 7. Oktober 1609
Maria Meier zu Berchfeldt, T.d. Meneken Meier zu Berchfeldt u.d. Maria, Ksp. Badbergen – (fol. 80 [93r])

<281> 7. Oktober 1609
Anna Kunigheide, T.d. Johan uffr Kunigheide u.d. Töbe Wießen, Ksp. Ankum, Bs. Rüssel – (fol. 80 [93r])

<282> 7. Oktober 1609
NN, Kind des Reineke Mocken u.d. Agneta, im Dorf Ankum – (fol. 80‘ [93v])

<283> 7. Oktober 1609
Ilsa Schulte, T.d. Hermann Schulte zu Ankum u.d. Gesche, Ksp. Ankum– (fol. 80‘ [93v])

<284> 7. Oktober 1609
Lucke Schulte, T.d. Gerdt Schulte zu Ankum u.d. Gesche, Ksp. Ankum – (fol. 80‘ [93v])

<285> 7. Oktober 1609
Jorgen zu Wesendorff, S.d. † Dieterich zu Wesendorff u.d. Hempe, Ksp. Neuenkirchen, Bs. Nellinghof – (fol. 80‘ [93v])

<286> 7. Oktober 1609
Gretha zue Severingkhausen, T.d. † Dieterich zu Severingkhausen u.d. Fenne, Ksp. Neuenkirchen, Bs. Hörsten – (fol. 80‘ [93v])

<287> 7. Oktober 1609
Johann Engelbert oder Schmuck, S.d. † Henrich Engelbert oder Schmuck u.d. Grete, Ksp. Neuenkirchen, Bs. Hörsten – (fol. 80‘ [93v])

<288> 30. September 1609
Stina zur Eie, T.d. Johan zur Eie u.d. Stina, Ksp. Ankum, Bs. Bockraden – (fol. 81 [94r])

<289> 3. Januar 1610
Catharina Wyte, T.d. Giseke Wyte u.d. Geseke, Ksp. Neuenkirchen, Bs. Bieste[14] – (fol. 81 [94r])

14 Vgl. oben Nr. 176 und unten Nr. 497, dort Bs. Rieste als Wohnort angegeben!

<290> 15. Januar 1610
Lambert Brunger, S.d. Herman Brunger u.d. Catharina, Ksp. Spenge, Bs. Groß Aschen – (fol. 81 [94r])

<291> 3. Februar 1610
Catharina Oldthoeffes, dem Amt Grönenberg eigen, T.d. † NN Oldthoeffes u.d. eigenbehörigen Margreta Kranenstoeffer – (fol. 81 [94r])

<292> 8. Februar 1610
Gerdt Godeker, dem Amt Wittlage eigen, S.d. Arndt Godeker u.d. Gebbeke, aus Stemshorn (Stampßhorn), Ksp. Dielingen [bei Hunteburg] im Stift Minden – (fol. 81 [94r])

<293> 20. Dezember 1609
Gertraudt Heckman,[15] T.d. Johan u.d. Gertraut auf Heckmans Erbe im Ksp. Bissendorf, ihr Kind, von Johan Voß gezeugt, bleibt eigen – (fol. 81 [94r])

<294> 16. April 1610
Gerdt Gesmell, S.d. Gert u.d. Grete Gesmell – (fol. 81‘ [94v])

<295> 28. Oktober 1608
Johann und NN Sidenkamp, S.d. † Gerdt Sidenkamp oder Voß u.d. Anna, Ksp. Dissen – (fol. 81‘ [94v])

<296> 10. Mai 1610
Catarina Meier, T.d. † Johan Meier u.d. Anna, auf dem Meierhof zu Stockum, Ksp. Bissendorf – (fol. 81‘ [94v])

<297> 30. April 1610
Friederich Avesinck, S.d. Friedrich Avesingk u.d. Schwaneke, Ksp. Ankum, Bs. Druchhorn (Devehorn) – (fol. 81‘ [94v])

<298> [30. April 1610][16]
Temmele Meierman, T.d. Gerdt Meierman u.d. Anna, Ksp. Alfhausen, Bs. Thiene (Tinnen); mutatis mutandis Gertraud Meierman, Schwester des Temmele – (fol. 81‘ [94v])

<299> [30. April 1610][17]
Taleke Poeßken, T.d. Henrich Poeßken u.d. Toeben, Ksp. Ueffeln, Bs. Balkum – (fol. 81‘ [94v])

<300> 20. Juni 1610
Elsa Tütingk, T.d. Johan Tütingk u.d. Else, Ksp. Ankum, Bs. Tütingen – (fol. 82 [95r])

<301> 1610
Herman Gesmell, S.d. Gerdt u.d. Grete Gesmell – (fol. 82 [95r])

<302> 14. August 1610
Rateke zue Starten, S.d † Rudolf Meier zu Starten u.d. Anna, Ksp. Ankum, Bs. Westerholte – (fol. 82 [95r])

<303> 13. August 1610
Elsche Meier, T.d. Ludeke Meier zu Stuken Barckhaussen u.d. Catharina – (fol. 82 [95r])

<304> 28. September 1610
Hans Terckhorn, dem Amt Hunteburg eigen, im Ksp. Venne ehelich geboren – (fol. 82 [95r])

<305> 8. August 1610
Lucke zu Stockum, T.d. Lubbeke zu

15 Am Rand vor dem Eintrag: Gert(!) Heckmans.

16 Ohne Datumsangabe.

17 Ohne Datumsangabe.

Stockum u.d. Anna, Ksp. Ankum, Bs. Brickwedde (Breckwede)– (fol. 82 [95r])

<306> 22. Oktober 1610
Dietrich zu Wesendorff, S.d. † Dietrich zu Wesendorff u.d. Hempe, Ksp. Neuenkirchen, Bs. Nellinghof – (fol. 82‘ [95v])[18]

<307> 3. Januar 1611
Greta Meier, T.d. Gerdt Meier, Ksp. Venne – (fol. 82‘ [95v])

<308> 3. Januar 1611
Greta Karpendeich, T.d. Johan Karpendeich u.d. Gese, im Stift Minden, Ksp. Dielingen, Bs. Haldem (Halem) – (fol. 82‘ [95v])

<309> 11. Februar 1611
Jost Steinlage, S.d. Evert Steinlage u.d. Catharina, Grafschaft Rietberg, Ksp. Neuenkirchen, Bs. Druffel – (fol. 82‘ [95v])

<310> 3. März 1611
Henrich Rixeman, S.d. Henrich Rixeman u.d. Tale Korff, Ksp. Ankum – (fol. 82‘ [95v])

<311> 21. Mai 1611
Marieke Peperkorn, [uneheliche?] T.d. Claus Peperkorn u.d. Grete Staminck, Ksp. Gesmold (Gesmell) – (fol. 82‘ [95v])

<312> 21. Mai 1611
Anna Moerman, T.d. Berndt Mormann u.d. Maria, Ksp. Gesmold (Gesmell), Bs. Westberghöfen (Weßber) – (fol. 83 [97r])

<313> 20. Mai 1611
Anna Wedemeier, T.d. Hermann u.d. Catharina, auf Wedemeiers Kotten im Ksp. Bissendorf – (fol. 83 [97r])

<314> 4. Juni 1611
Elsa Greven, T.d. Henrich Greven u.d. Tale, Ksp. Badbergen, Bs. Grönloh – (fol. 83 [97r])

<315> 8. Juni 1611
Rudolph zu Groveren, S.d. Herman zu Groveren u.d. Tobe, Ksp. Ankum, Bs. Grovern – (fol. 83 [97r])

<316> 19. Juli 1611
Elssche und Gertraudt Meier, dem Amt Grönenberg eigen, T.d. Jasper Meier zu Gerden u.d. Anna, Ksp. Melle – (fol. 83 [97r])

<317> 2. August 1611
Anna Braken, eheliche T.d. Wessel Rantzen [gen. Braken] u.d. Anna Braken, Ksp. Badbergen, Bs. Grönloh – (fol. 83‘ [97v])

<318> 2. August 1611
Tale Braken, eheliche T.d. Wessel Rantzen [gen. Braken] u.d. Anna Braken, Ksp. Badbergen, Bs. Grönloh – (fol. 83‘ [97v])

<319> 12. September 1611
Johann Bierman, S.d. Gerdt Bierman u.d. Agneta, Ksp. Wiedenbrück, Bs. Röckinghausen – (fol. 83‘ [97v])

<320> 12. September 1611
Gertrudt Wullen, dem Amt Reckenberg eigen, T.d. Johann Wullen u.d. Elsche, Ksp. Gütersloh, Bs. Avenwedde – (fol. 83‘ [97v])

18 Eingelegter Zettel (fol. 96r) mit den eingereichten Angaben zu diesem Freibrief.

<321> 12. September 1611
Everdt Wullen gen. Suttenfelde,[19] ehelicher S.d. Johann zu Suttenfelde u.d. Elsche, Ksp. Gütersloh – (fol. 84 [98r])

<322> 9. Oktober 1611
Johann Schulte, S.d. Gerdt Schulte zu Ankum u.d. Gese, Dorf Ankum – (fol. 84 [98r])

<323> 9. Oktober 1611
Gertrudt Marteningk, T.d. Johann Marteningk u.d. Anna, Ksp. Essen, Bs. Harpenfelde – (fol. 84 [98r])

<324> 30. Oktober 1611
Elsa Schumacher, natürliche T.d. Johan Schumacher u.d. Taleke Buenen – (fol. 84 [98r])

<325> 8. Oktober 1611
Johann Schultte, S.d. Gerdt Schulte zu Ankum u.d. Gese, Ksp. Ankum – (fol. 84 [98r])

<326> 30. Oktober 1611
Johann Winnenbruch, S.d. Henrich Winnenbruch u.d. Anna auf Rodenmöllers Kotten, Ksp. Dissen – (fol. 84‘ [98v])

<327> 6. November 1611
Gertrudt Boldewig, dem Amt Reckenberg eigen, T.d. Henrich Boldewig u.d. N.N. auf Boldewigs Kotten in der Bs. Spexard – (fol. 84‘ [98v])

<328> 13. November 1611
Herman Holleman, [unehelicher?] S.d. Henrich Holleman u.d. Anna Menhinderkings, die von der eigenbehörigen Kuhemollers Stätte im Ksp. Riemsloh, Amt Grönenberg, geboren ist – (fol. 84‘ [98v])

<329> 28. November 1611
Catharina Sunderman,[20] T.d. Arndt Sunderman u.d. Aleken, diese [Aleke] stammt von Sundermans Erbe im Dorf Buer – (fol. 84‘ [98v])

<330> 20. September 1611
Henrich und Anna Greven, Kinder des Henrich u.d. Tale Greven – (fol. 85 [99r])

<331> 20. November 1611
Henrich Vincke, S.d. Johan Vincke u.d. Anna, auf dem Schreibers Kotten im Ksp. Borgloh – (fol. 85 [99r])

<332> 16. November 1611
Maria und Greta Budde, T.d. Jorgen Budde u.d. Catarina, Ksp. St. Johann [Osnabrück] – (fol. 85 [99r])

<333> 2. Oktober 1611
Metta zu Uphaussen, T.d. Gerdt zu Uphaussen u.d. Metta – (fol. 85 [99r])

<334> 17. März 1612
Nete Schneppenstede,[21] T.d. Curdt Schneppenstede u.d. Catharina, auf eigenbehörigen Kotten im Amt Reckenberg geboren – (fol. 85 [99r])

---

19 Nach der Amtsrechnung des Amts Reckenberg 1611/12 (OS-ZB 323, Bd. 2) Bruder der vorherigen Gertrud Wullen.

20 Gleicher Eintrag aber mit Datum 20. März 1611 gestrichen auf der nächsten Seite, fol. 85 [99r] (in der Liste dort nicht wiederholt).

21 Der Name ist hier und am Rand davor korrigiert und der Konsonant nach dem „Sch“ nicht mehr eindeutig lesbar, während beim Vater der unkorrigierte Name klar zu lesen ist. Es dürfte sich bei ihr um die 1611 in Wiedenbrück eingebürgerte Ehefrau des Johannes Wolff, Agneta Schweppenstede, handeln (FLASKAMP, Franz: Die Bürgerlisten der Stadt Wiedenbrück, T. 1. Rheda 1938, S. 36).

<335> 20. März 1612
Johann Brockmeier, ehelicher S.d. Gerdt Brockmeier u.d. Ag[n]ete Tepen, Ksp. Laer (Löhr) – (fol. 85‘ [99v])

<336> 28. März 1612
Otto Pagenstrodt gen. Bultman, ehelicher S.d. Johan Bultman u.d. Anna Pagenstroit – (fol. 85‘ [99v])

<337> 30. Juni 1612
Greta Bruns, T.d. Berndt u.d. Greta Bruns, Ksp. Dissen, Bs. Aschen – (fol. 85‘ [99v])

<338> 20. August 1612
Margareta Herbrügger, T.d. Henrich Herbrügger u.d. Gerdraut, Ksp. Wiedenbrück Bs. Ems – (fol. 85‘ [99v])

<339> 12. August 1612
Catharina zu Pide, T.d. Henrich zu Pide u.d. Anna – (fol. 86 [100r])

<340> 10. September 1612
Regina zu Bokern, T.d. Ludeke Meier zu Bokern u.d. Catharina, Ksp. Damme, Bs. Holte – (fol. 86 [100r])

<341> 10. September 1612
Anna zu Uphausen, T.d. Gerdt zu Uphausen u.d. Mette, Ksp. Damme, Bs. Hinnenkamp – (fol. 86 [100r])

<342> 10. September 1612
Anna beim Nardell, T.d Herman beim Nardell u.d. Tale, Ksp. Damme, Bs. Osterfeine– (fol. 86 [100r])

<343> 10. September 1612
Greta Schonhövet, T.d. Gerdt Schonhövet u.d. Tale, Ksp. Damme, Bs. Grandorf – (fol. 86 [100r])

<344> 9. August 1612
Catharina Vasterman, T.d. Catharina u.d. Johan Vasterman, Ksp. Ankum, Bs. Loxter (Loxten) – (fol. 86 [100r])

<345> 8. Dezember 1612
Johan Beinckman,[22] S.d. Ludecke Beinckman u.d. Lucke, Ksp. Ankum, Bs. Aslage – (fol. 86‘ [100v])

<346> 7. Dezember 1612
Gerdraud Hagedorn, T.d. Gerdt Hagedorn u.d. Hille, Ksp. Neuenkirchen im Hülse, Bs. Lintern – (fol. 86‘ [100v])

<347> 31. Dezember 1612
Greta Meisterman, T.d. Herman Meisterman u.d. Anna, Ksp. Alfhausen, Bs. Thiene (Tinen) – (fol. 86‘ [100v])

<348> 31. Dezember 1612
Derselben Greta Meisterman und Ludeke Bungeners, Eheleuten, im Ksp. Bramsche auf des Meiers zu Tommern Grunde zur Heuer sitzend, eheliche Kinder Johann und Greta Bungener freigelassen – (fol. 86‘ [100v])

<349> 28. November 1612
Catarina Uthoeffe, [uneheliche ?] T.d. Agate Leneker u.d. Heinrich Uthoffe, Ksp. Oesede, sowie ihren [Catarina Uthoeffes] mit Johan Westermeier gezeugten Sohn Henrich Westermeier – (fol. 86‘ [100v])

<350> 28. November 1612
Berndt Landtwehr, S.d. Johan Landtwehr u.d. Margareta Vlake, Ksp. Glandorf – (fol. 87 [101r])

---

22 Der Name am Rand vor dem Eintrag könnte auch Brinckman lauten, im Eintrag selbst ist „Beinckman“ eindeutig.

<351> 15. Februar 1613
Johan Otterpohl d.J., S.d. Arndt Otterpohl u.d. Elsche Moselage, Ksp. St. Vit, Bs. Rentrup (Rentorff) – (fol. 87 [101r])

<352> 19. Februar 1613
Anneke Berkenbusch, T.d. Johan Berkenbusch u.d. Gerdraut, Bs. Kattenstroth – (fol. 87 [101r])

<353> 15. April 1613
Everdt Bredemehr, S.d. Johan Bredemehr u.d. Elsche, auf Ködinghausens Leibzucht – (fol. 87 [101r])

<354> 3. März 1613
Johan Schulte zu Ankum, S.d. Herman Schulte zu Ankum u.d. Gese – (fol. 87 [101r])

<355> 3. März 1613
Bosse Schulte zu Ankum, S.d. Herman Schulte zu Ankum u.d. Gese – (fol. 87‘ [101v])

<356> 3. März 1613
Tale Roterman, T.d. Johan Roterman u.d. Lucke, Dorf und Ksp. Ankum – (fol. 87‘ [101v])

<357> 3. März 1613
Herman Schulte, S.d. Bosse Schulte u.d. Tale Roterman – (fol. 87‘ [101v])

<358> 3. März 1613
Ludeke Wesselkamp, S.d. Arndt Wesselkamp u.d. Lucke – (fol. 87‘ [101v])

<359> 3. März 1613
Gese Brockwede, T.d. Lüdeke Brockwede u.d. Tobe, Ksp. Alfhausen, Bs. Wallen– (fol. 87‘ [101v])

<360> 3. März 1613
Herman Harlingk, natürlicher S.d. Herman Harlingk u.d. Nese Brockwede – (fol. 88 [102r])

<361> 12. Juni 1613
Herman Meifaldingk, S.d. Arndt zue Meifaldingk u.d. Anna, Ksp. Ankum, Bs. Nortrup – (fol. 88 [102r])

<362> 22. August 1613
Enneke Schnitger, T.d. Andreas Schnitger gen. Rovekamp u.d. Anna zu Krachs, Bs. Spexard, sowie Ennekes Söhne Peter und Henrich, die sie mit Otto Schniederkotten gezeuget hat – (fol. 88 [102r])

<363> 11. Juni 1613
Taleke von Büren,[23] T.d. Herman u.d. Tobeke zu Büren, Ksp. Ueffeln, Bs. Balkum – (fol. 88 [102r])

<364> 22. November 1613
Johan Boring, S.d. Dietrich Boring u.d. Hille, Ksp. Hunteburg – (fol. 88 [102r])

<365> 23. September 1613
Anna Schonhovet, T.d. Gerdt Schonhovet u.d. Tale, Ksp. Damme, Bs. Grandorf – (fol. 88‘ [102v])

<366> 23. September 1613
Anna Mersscher, [unehelich?] T.d. Johann zu Haverlecke u.d. Grete Mersscher, Ksp. Damme, Bs. Osterdamme – (fol. 88‘ [102v])

<367> 23. September 1613
Johann Krehe (Kree), S.d. Hermann

23 Der Freibrief ist nochmals auf fol. 88‘ [102v] nach Nr. 369 eingetragen und deswegen dort nicht erneut verzeichnet.

Kree u.d. Stine, Ksp. Steinfeld [Oldenburg] – (fol. 88‘ [102v])

<368> **23. September 1613**
Tobeke Wyte, T.d. Giseke Wyte u.d. Gese, Ksp. Neuenkirchen, Bs. Bieste – (fol. 88‘ [102v])

<369> **18. Januar 1614**
Johan Schomacher, S.d. Berndt Schomacher u.d. Anna Broker, Ksp. Glane – (fol. 88‘ [102v])

<370> **25. Februar 1614**
Jorgen Stechman, S.d. Johan Stechman u.d. Anna Hebbeler, Amt Grönenberg – (fol. 89 [103r])

<371> **20. Februar 1614**
Jorgen und Grete Brambstorff, Kinder des Gerdt Brambstorff u.d. Else Segbert, Ksp. Lotte in der Grafschaft Tecklenburg – (fol. 89 [103r])

<372> **25. März 1614**
Herman Brinckman, S.d. Johan Brinckman u.d. Gese, Ksp. Ankum – (fol. 89 [103r])

<373> **25. März 1614**
Hilla von Westrupff,[24] T.d. Johan von Westorp u.d. Schwaneke Buenen – (fol. 89 [103r])

<374> **30. März 1614**
Greta Niebaum, T.d. Herman Niebaum u.d. Anna Meisterman, Ksp. Alfhausen – (fol. 89 [103r])

<375> **28. April 1614**
Johan Krampe, S.d. Gerdt Krampe u.d. Anna Krampe, Ksp. Hilter– (fol. 89 [103r])

<376> **28. April 1614**
Gerdrudt Moller, T.d. Gerdt Moller u.d. Gese, Ksp. Dissen, sowie Gerdrudts Tochter Gerdrudt– (fol. 89 [103r])

<377> **6. Mai 1614**
Anna Tonnies, T.d. Herman Thonnies u.d. Elsche, Ksp. Glane – (fol. 89‘ [103v])

<378> **22. April 1614**
Lueke Varsingk, T.d. Johan Varsingk u.d. Grete, Ksp. und Dorf Ueffeln – (fol. 89‘ [103v])

<379> **22. April 1614**
Tebbe Holtgraffen und dessen Schwester Tale, Kinder des Hermann Holtgraffen u.d. Tale, Ksp. und Dorf Ueffeln – (fol. 89‘ [103v])

<380> **11. April 1614**
Lutmar zu Wesendorff, S.d. † Dietrich zu Wesendorff u.d. Hempe, Ksp. Neuenkirchen, Bs. Rellingktorff[25] – (fol. 89‘ [103v])

<381> **11. April 1614**
Hermann Morman, S.d. † Henrich Morman u.d. Catharina, Ksp. Damme, Bs. Grandorf – (fol. 89‘ [103v])

<382> **1. Juni 1614**
Greta Lepper, T.d. Tonnies Harden gen. Lepper u.d. Greta, Ksp. Borgloh (Borchlohe) – (fol. 90 [104r])

24 Wohl Halbschwester zu Bosse von Westorpe (Nr. 147).

25 Nach den Freibriefen für seine Brüder (Nr. 285 und 306) wohnte die Familie in der Bauerschaft Nellinghof!

<383> **18. Juni 1614**
Henrich Kuhleman, S.d. Johan Kuhleman u.d. Klemmeken, in Riemsloh – (fol. 90 [104r])

<384> **18. August 1614**
Henrich Wessels sonst Meier geheißen – (fol. 90 [104r])

<385> **6. August 1614**
Herman von Nerssen, [unehelicher ?] S.d. Henrich von Nerssen u.d. eigenbehörigen Grete zum Brinckhauße – (fol. 90 [104r])

<386> **24. August 1614**
Catharina Veltman zu Rieste (Reiste), T.d. Henrich Veltman u.d. Beete, Ksp. Westerkappeln – (fol. 90 [104r])

<387> **2. Juli 1614**
Neteke Krupholler, T.d. Gerdt Krupholler u.d. Thrine, Bs. Spexard – (fol. 90 [104r])

<388> **16. August 1614**
Gerdt Kampff, S.d. Johan Kampff u.d. Grete Loman – (fol. 90 [104r])

<389>[26] **12. September 1614**
Catharina Godeman, T.d. Johan Godeman u.d. Thale – (fol. 90' [104v])

<390> **28. September 1614**
Johan Severdingk, [unehelicher ?] S.d. Herman Severdingk u.d. Greta Bulthops, Ksp. Damme, Bs. Osterdamme – (fol. 90' [104v])

<391> **24. Oktober 1614**
Jasper im Hagen, S.d. Johan im Hagen u.d. Gertrudt Krevetsiek, Ksp. Oesede – (fol. 90' [104v])

26 Vgl. Freibrief Nr. 392.

<392>[27] **12. September 1614**
Catharina Godeman, T.d. Johan Godeman u.d. Thale, Ksp. Neuenkirchen, Bs. Lintern – (fol. 90' [104v])

<393> **13. Dezember 1614**
Greta Havickolt, T.d. Johan Havickolt u.d. Dorothea, Ksp. Venne – (fol. 90' [104v])

<394> **23. Dezember 1614**
Berndt Schulte zu Aßelage, S.d. † Johan Schulte zu Aßelage u.d. Thale, Ksp. Berge – (fol. 90' [104v])

<395> **3. Januar 1615**
Henrich Eggelman, [unehelicher ?] S.d. † Johan Eggelman u.d. Geseken Flotemersch, Ksp. Neuenkirchen, Bs. Hörsten – (fol. 91 [105r])

<396> **9. Februar 1615**
Claus Bromstorff, S.d. Gerdt Bromstorff u.d. Elsche Segeberth aufm Gofelde [Gohfeld] im Ksp. Lotte, Grafschaft Tecklenburg – (fol. 91 [105r])

<397> **16. Februar 1615**
Jorgen Putker, S.d. Johan Putker u.d. Anna Potthoeffes in der Oy, Bs. Bakum, Ksp. Melle – (fol. 91 [105r])

<398> **27. März 1615**
Hilla Meifolding, T.d. Arndt zu Meifoldingk u.d. Anna, Ksp. Ankum, Bs. Nortrup – (fol. 91 [105r])

<399> **27. März 1615**
Hilla Bodingk, T.d. † Arndt zu Bodingk u.d. Anna, Ksp. Neuenkirchen, Bs. Vinte (Vinnete)– (fol. 91 [105r])

27 Gestrichene Wiederholung des Eintrags Nr. 389, aber mit mehr Informationen.

<400> **27. März 1615**
Else Honnberg, T.d. † Gerdt Honnberg u.d. Else, Ksp. Ankum, Bs. Westerholte – (fol. 91 [105r])

<401> **27. März 1615**
Herman zu Stockumb, S.d. Lubbeke zu Stockumb u.d. Anna, Ksp. Ankum, Bs. Brickwedde (Breckwede) – (fol. 91‘ [105v])

<402> **25. April 1615**
Meinert Nollman, S.d. Jürgen Nolman u.d. Catharina Huneke – (fol. 91‘ [105v])

<403> **4. April 1615**
Catharina Johaningßman, T.d. Andres Johaningßman u.d. Catharina Roters – (fol. 91‘ [105v])

<404> **5. Mai 1615**
Margareta Meier, T.d. † Herman Meier zu Bramesche u.d. Margreta – (fol. 91‘ [105v])

<405> **15. Juni 1615**
Anna Meifaldingk, T.d. Arndt Meifaldingk u.d. Anna – (fol. 91‘ [105v])

<406> **9. Juni 1615**
Johann Ostenkampe, S.d. Henrich Ostenkampe u.d. Catharina Siverdings, Ksp. Damme, Bs. Osterdamme – (fol. 92 [106r])

<407> **9. Juni 1615**
Greta Borchmans, T.d. Henrich Borchmans u.d. Greta Dickhaus, Ksp. Damme, Bs. Grandorf – (fol. 92 [106r])

<408> **24. August 1615**
Regina Koinckhauß, T.d. Johan Koinckhauß u.d. Elsche, Ksp. Wiedenbrück, Bs. Lintel – (fol. 92 [106r])

<409> **30. Oktober 1615**
Alheid Nolmans oder Reuter, eheliche T.d. Jürgen Reuter u.d. Catharina Nolmans – (fol. 92 [106r])

<410> **30. November 1615**
Anna Krommes, T.d. Johan Krommes u.d. Anna, Ksp. Barkhausen, Bs. Linne – (fol. 92 [106r])

<411> **2. September 1615**
Melcher Aßbroick, S.d. Johan thom Aßbroicke u.d. Maria Heggeman, Ksp. Wellingholzhausen, Bs. Kerssenbrock – (fol. 92 [106r])

<412> **20. September 1615**
Anneke zum Dyckstael, T.d. Johann Dyckstal u.d. Grete, Ksp. Riemsloh, Bs. Krukum (Krucken)– (fol. 92 [106r])

<413> **13. September 1615**
Jürgen Pede, S.d. Heinrich zu Pede u.d. Anna, Ksp. Wallenhorst, Bs. Pede – (fol. 92 [106r])

<414> **18. Januar 1616**
Berndt Brunger, S.d. Herman Brunger u.d. Thrine, Ksp. Spenge, Bs. Aschen – (fol. 92‘ [106v])

<415> **23. Januar 1616**
Hemmeke und Rudolff Luttke, eheliche S.d. Johan Luttke u.d. eigenbehörigen Stine Kalck, Ksp. Merzen – (fol. 92‘ [106v])

<416> **26. Januar 1616**
Rudolff Simerman, S.d. Herman Simerman u.d. Thale – (fol. 92‘ [106v])

<417> **26. Januar 1616**
Fenne Schiringk, T.d. Henrich Schiringk u.d. Stine, Ksp. Badbergen, Bs. Wehdel – (fol. 92‘ [106v])

<418> **29. Januar 1616**
Geschwister Johan, Herman und Catharina Mengers, Kinder des † Herman u.d. Stine, Ksp. Badbergen, Bs. Wulften – (fol. 92‘ [106v])

<419> **30. Januar 1616**
Herman Schmidt, S.d. Johan Schmidt u.d. Catharina, Ksp. Ankum, Bs. Tütingen (Tuningen)– (fol. 93 [107r])

<420> **30. Januar 1616**
Lueke Rotermans, T.d. Herman u.d. Schweneke, Ksp. Ankum, Bs. Rüssel – (fol. 93 [107r])

<421> **31. Januar 1616**
Anna zu Handorff, T.d. † Henrich zu Handorff u.d. Anna, Ksp. Damme, Bs. Holdorf – (fol. 93 [107r])

<422> **31. Januar 1616**
Tobe zu Handorff, T.d. † Henrich zu Handorff u.d. Anna, Ksp. Damme, Bs. Holdorf – (fol. 93 [107r])

<423> **24. Februar 1616**
Luke Owman, T.d. Berndt Owman u.d. Armegarte, zuvor dem Amt Wittlage von Dompropst Voß[28] angewechselt – (fol. 93 [107r])

<424> **27. Februar 1616**
Johan Wingerberg, S.d. † Jacob Wingerberg u.d. Anna, Ksp. Ankum, Bs. Tütingen – (fol. 93 [107r])

<425> **27. Februar 1616**
Johan Wesselingk, ehelicher S.d. † Gerdt Wesselingk u.d. Anna Greischen – (fol. 93 [107r])

<426> **24. März 1616**
Schwestern Gerdrudt und Anna Gesenjohansludeken, Amt Reckenberg – (fol. 93‘ [107v])

<427> **10. Januar 1616**
Johan Everßman gen. uffm Winckel, Ksp. Gesmold – (fol. 93‘ [107v])

<428> **5. März 1616**
Otto Struckhoff, S.d. Arndt Struckhoff u.d. Lucke, Ksp. Damme, Bs. Holdorf – (fol. 93‘ [107v])

<429> **5. März 1616**
Gerdt Struckhoff, S.d. Arndt Struckhoff u.d. Lucke, Ksp. Damme, Bs. Holdorf – (fol. 93‘ [107v])

<430> **5. März 1616**
Herman Dalingkhauß, S.d. Ludeke Dalingkhauß u.d. Tale Struckhoeff, Ksp. Damme, Bs. Holdorf – (fol. 93‘ [107v])

<431> **5. März 1616**
Henrich Gosepoel, [unehelicher?] S.d. Henrich Gosepoel u.d. Tale Kruse, Ksp. Damme, Bs. Grandorf – (fol. 93‘ [107v])

<432> **7. Mai 1616**
Catharina Gerdes, Ehefrau des Peter Niekamp, und ihr ältester Sohn aus Gnaden freigelassen – (fol. 93‘ [107v])

<433> **26. April 1616**
Johan Wesselkamp, Ksp. Ankum – (fol. 94 [108r])

---

28 Balduin von Voß war von 1604-1617 Osnabrücker Dompropst.

<434> **26. April 1616**
Schwaneke uffr Kunckheide, Ksp. Ankum – (fol. 94 [108r])

<435> **1. Mail 1616**
Johan Meier zu Westerholte – (fol. 94 [108r])

<436> **1. Mai 1616**
Arndt Meier zu Westerholte, Bruder des Johan[29] – (fol. 94 [108r])

<437> **2. Mai 1616**
Jorgen Godinck, Ksp. Neuenkirchen, Bs. Vinte (Vinnete)– (fol. 94 [108r])

<438> **30. Januar 1616**
Johan Overmoller, Dorf Ankum – (fol. 94 [108r])

<439> **9. Juni 1616**
Greta Oisterman, T.d. Johan Oisterman u.d. Catharina, Ksp. Essen – (fol. 94 [108r])

<440> **5. Juni 1616**
Lucke Schulte zu Rüssel, T.d. † Johan Schulte zu Rüssel u.d. Tobe, Ksp. Ankum – (fol. 94 [108r])

<441> **10. Juni 1616**
Herman zue Wehedel, S.d. Johan Meier zu Wehdel u.d. Gese, Ksp. Badbergen – (fol. 94 [108r])

<442> **28. Dezember 1615**
Lammert Kerckhoff, S.d. Jasper Kerckhoff u.d. Lucke, Ksp. Essen, Bs. Harpenfelde (Harppenfelde) – (fol. 94 [108r])

<443> **19. August 1616**
Ilsche Poggenmeier, T.d. † Jobst Poggenmeier u.d. † Grethe, Ksp. und Bs. Buer – (fol. 94' [108v])

<444> **11. September 1616**
Johan uffm Brincke, natürlicher S.d. Walteken uffm Brincke u.d. Thale Rotermans, Ksp. Ankum – (fol. 94' [108v])

<445> **16. September 1616**
Fenna Rixeman, T.d. † Christian Rixeman u.d. Thale, Ksp. und Dorf Ankum – (fol. 94' [108v])

<446> **26. September 1616**
Jürgen uffm Berge, S.d. Melchior uffm Berge u.d. N. Jegers, jetzigen ravensbergischen Freien, vormals dem Haus Iburg eigen gewesen – (fol. 94' [108v])

<447> **10. Oktober 1616**
Gretha Dreeßes, dem Amt Grönenberg eigen, T.d. Jobst Dreeßes u.d. Gretha, Ksp. Oldendorf [bei Melle] – (fol. 94' [108v])

<448> **3. Dezember 1616**
Elsche Mollers, T.d. Ludeke Mollers u.d. Gese Varwichs, sowie Elsches Sohn Jürgen, binnen Dissen – (fol. 94' [108v])

<449> **3. Dezember 1616**
Anna Niehauß, dem Amt Grönenberg eigen, T.d. Baldewin Niehaus u.d. Anna, Ksp. Melle, Bs. Gerden – (fol. 95 [109r])

<450> **20. Januar 1617**
Johann Hoyer, S.d. † Wilken Hoyer u.d. Thabe, Ksp. Ankum, Bs. Westerholte– (fol. 95 [109r])

<451> **17. Februar 1617**
Thieß zu Sueßern, S.d. † Berndt zu

29 Siehe Nr. 435.

Sueßern u.d. Kunne, Ksp. Ankum, Bs. Sussum (Sußern) – (fol. 95 [109r])

<452> 24. März 1617
Maria Middelkampff, T.d. Jacob Middelkamp u.d. Ilse, Ksp. Badbergen – (fol. 95 [109r])

<453> 24. März 1617
Anna Reinerman, eheliche T.d. eigenbehörigen Tobe Braken u.d. Baldewein Reinerman, Ksp. Badbergen – (fol. 95 [109r])

<454> 24. März 1617
Henrich Borchstette, natürlicher S.d. Tale Meiers u.d. Henrich Borchstette – (fol. 95 [109r])

<455> 24. Februar 1617
Jorgen Wollerman, S.d. † Johan Wollerman u.d. Gesche, Ksp. Badbergen, Bs. Grönloh – (fol. 95 [109r])

<456> 18. Februar 1617
Henrich Köning gen. Seelige, S.d. Abeke Köning u.d. Anna, Ksp. Gesmold, Bs. Wennigsen – (fol. 95' [109v])

<457> 17. April 1617
Maria Schulte zu Aselage zusammen mit ihrem von Ruwe Berndt zum [Ksp.] Berge erzeugten Kind Gebbeke – (fol. 95' [109v])

<458> 17. April 1617
Thale Schulte zu Aselage, T.d. † Johan Schulte u.d. Thale, Ksp. Berge – (fol. 95' [109v])

<459> 10. Mai 1617
Fenneke Roterman, T.d. † Johann Roterman u.d. Lucke, Dorf u. Ksp. Anckum – (fol. 95' [109v])

<460> 14. Juni 1617
Catharina Meier zu Berchfeldt, T.d. † Meier zu Berchfeldt u.d. Maria – (fol. 95' [109v])

<461> 20. Juni 1617
Johan Hollender, S.d. Johan Hollender u.d. Barbara, Ksp. Riemsloh (Rimeßlo), Bs. Krukum (Kruken) – (fol. 95' [109v])

<462> 18. Juli 1617
Susanna Meiers, T.d. † Herman Meier zu Bramesche u.d. Margareta, vom Meierhof zu Bramsche im Amt Vörden – (fol. 96 [110r])

<463> 16. August 1617
Die Geschwister Gerdt, Johan, Jorrien und Anna Meier zu Berchfelde, Kinder des Menke Meier zu Berchfelde u.d. Maria, Ksp. Badbergen, Bs. Grothe – (fol. 96 [110r])

<464> 24. November 1617
Agath Budde, T.d. † Johan Budde u.d. † Catharina, Ksp. St. Johann, auch Agatas Tochter Aleken – (fol. 96 [110r])

<465> 7. Februar 1618
Gerdt Schulte zue Newenkirchen im Hulse, S.d. Gerdt Schulte u.d. Thale – (fol. 96 [110r])

<466> 17. Februar 1618
Grete Wolpingkhaus, T.d. Arndt Wolpintorff u.d. Anna, Ksp. Buer, Bs. Markendorf – (fol. 96 [110r])

<467> 17. Februar 1618
Baltasar Rieman, S.d. Johan Rieman

u.d. Maria, Ksp. Buer, Bs. Markendorf – (fol. 96 [110r])

<468> 17. Februar 1618
Anna Niebaum, natürliche T.d. Eggert Niebaum u.d. Anna Meyerings zu Gerden, zusammen mit ihrem Kind Curdt in Herford wohnend – (fol. 96‘ [110v])

<469> 20. Februar 1618
Gretha zue Oisteringen, eheliche T.d. Heinrich zue Garthausen u.d. Lise zue Oisteringen – (fol. 96‘ [110v])

<470>[30] **27. November 1617**
Johann zu Handorff, S.d. Henrich zue Handorff u.d. Anna, Ksp. Damme, Bs. Holdorf – (fol. 96‘ [110v])

<471> 27. November 1617
Anna Borchman, T.d. Henrich Borchman u.d. Grete Dickhaus, Ksp. Damme, Bs. Holdorf – (fol. 96‘ [110v])

<472> 16. Januar 1618
Johan Stanßberg, von Michael Stanßberg u.d. Anna, Ksp. Stromberg, Stift Münster – (fol. 96‘ [110v])

<473> 16. Januar 1618
Henrich Nete, S.d. Jacob Nete u.d. Anna, Ksp. Gütersloh, Bs. Avenwedde – (fol. 96‘ [110v])

<474> 16. Januar 1618
Greta Berckenbusch, T.d. Johan Berckenbusch u.d. Gretha, Ksp. Gütersloh – (fol. 97 [111r])

<475> 16. Januar 1618
Johan Berckenbusch, [unehelicher?] S.d. Otto Berckenbusch u.d. Gertrud Veerhoeffe – (fol. 97 [111r])

<476> 6. Juni 1618
Anna Meierman, T.d. Gerdt Meierman u.d. Anna, Ksp. Alfhausen, Bs. Thiene – (fol. 97 [111r])

<477> 23. Juni 1618
Anna Meier zue Nortrup, natürliche T.d. Roleff Meier u.d. Thale Hoyers, – (fol. 97 [111r])

<478> 2. August 1618
Engel Alteheusing, T.d. Jasper Suendorff u.d. Gerdrudt Alteheusing, zusammen mit ihren Kindern Gorries, Anna und Elsche – (fol. 97 [111r])

<479> 20. Juni 1618
Dorothea Schutte, T.d. Henrich Schutte u.d. Catharina, Ksp. Dissen – (fol. 97 [111r])

<480> 28. August 1618
Catharina Luke, T.d. Johan Luke[31] u.d. Sophia Berckenbusch, Bs. Avenwedde, Amt Reckenberg – (fol. 97‘ [111v])

<481> 4. Mai 1618
Herman Morickßman, S.d. Ludeke Morickßman u.d. Chatarina(!), Ksp. Gesmold, Bs. Dratum (Großen Draten) – (fol. 97‘ [111v])

<482> 30. September 1618
Curdt Kock, S.d. Curdt Kock gen. Bode-

30 Dieser und der nächste Eintrag sind gleichlautend auf der nächsten Seite erneut vermerkt und daher dort nicht nochmals aufgeführt.

31 Hieß nach der Konskription von 1652 „Gesenjohansludeken“ (LA NRW W, OS-ZB, Nr. 163).

ker u.d. Grethe, Ksp. Gesmold – (fol. 97‘ [111v])

<483> 28. August 1618
Margareta zu Bokern, T.d. Tabeke Meier zu Bokern u.d. Mette, Ksp. Damme, Bs. Holte – (fol. 97‘ [111v])

<484> 28. August 1618
Ludeke zu Bokern, S.d. Ludeke Meier zu Bokern u.d. Catharina – (fol. 97‘ [111v])

<485> 28. August 1618
Tabeke Clausing, S.d. Johan Clausingk u.d. Fenne, Ksp. Damme, Bs. Osterdamme – (fol. 97‘ [111v])

<486> 3. September 1618
Terseke zu Sußern, T.d. Tebbe zu Sußern u.d. Terseke, Ksp. Ankum, Bs. Sussum (Sussern) – (fol. 97‘ [111v])

<487> 15. September 1618
Brüder Schweiterdt und Johan Meyer zu Wehedel, S.d. Johan Meier zu Wehedel u.d. † Gese, Ksp. Badbergen, Bs. Wehdel – (fol. 98 [112r])

<488> 20. Oktober 1618
Schweneke uff der Wellen, T.d. freien Johan uff der Wellen u.d. eigenbehörigen Stine Avesingk, Ksp. Ankum – (fol. 98 [112r])

<489> 3. Oktober 1618
Jacob Frentz, S.d. Peter Frentz u.d. Catharina, Ksp. Gütersloh, Bs. Spexard – (fol. 98 [112r])

<490> 3. Oktober 1618
Gertrudt Kodingkhauß, T.d. Johann Kodingkhauß u.d. Elsche, Ksp. Wiedenbrück (Weidenbrugk), Bs. Lintel (Lintelohe) – (fol. 98 [112r])

<491> 18. Februar 1619
Elsche Meyer zu Stockum, T.d. † Johann Meyer zu Stockum u.d. Catharina Indtfeldt – (fol. 98 [112r])

<492> 26. Februar 1619
Tobe Roest, T.d. Ludeke Roest u.d. Catharina, Ksp. Bersenbrück, Bs. Woltrup – (fol. 98 [112r])

<493> 30. April 1619
Alheit zu Walsum, T.d. † Herman zu Walsum u.d. Schwaneke, Ksp. Ankum, Bs. Rüssel – (fol. 98‘ [112v])

<494> 18. Februar 1619
Tobe, die Krusesche, uneheliche T.d. eigenbehörigen Tobe u.d. Henrich Gosepoel, anietzo Herman Hunefeldts Hausfrau, im Ksp. Damme, Bs. Lohausen (Lohehausen) wohnhaft – (fol. 98‘ [112v])

<495> 3. Mai 1619
Balthasar Perlemeyer, unehelicher S.d. freien N. Perlemeyer u.d. den Haus Gesmold eigenbehörigen Agata Sakelandt – (fol. 98‘ [112v])

<496> 15. Mai 1619
Margareta und Catharina Stapelberg, T.d. Gerdt Stapelberg u.d. Elsche, Ksp. Bramsche, Bs. Hesepe – (fol. 98‘ [112v])

<497> 15. Mai 1619
Gerdt Wyte, S.d. Giseke Wyte u.d. Geseke, Ksp. Neuenkirchen, Bs. Rieste[32] – (fol. 98‘ [112v])

32 Oben Nr. 289 richtig mit „Bieste“ angegeben.

<498> 25. Juli 1619
Franz Kleiman, S.d. † Franz Kleiman u.d. Regina, Ksp. Belm (Behlm), Bs. Haltern – (fol. 98‘ [112v])

<499> 25. Juli 1619
Anna Landtwehr, T.d. Johann Landtwehr u.d. Grete Flake, Ksp. Glandorf – (fol. 99 [113r])

<500> 27. Juli 1619
Merrie Hennigkhauß, T.d. Jurgen Hennigkauß u.d. Anna, Ksp. Melle, Bs. Eicken (Eken) – (fol. 99 [113r])

<501> 24. Juli 1619
Geschwister Hermann, Reineke, Johan der Jüngere und Tale Sonneke, Kinder des Johan d.Ä. Sonneke u.d. Lucke, Ksp. Badbergen, Bs. Wulften – (fol. 99 [113r])

<502> 24. Juli 1619
Geschwister Johan und Tobe zue Eie, Kinder des † Johan zue Eie u.d. Stine, Ksp. Ankum, Bs. Bockraden – (fol. 99 [113r])

<503> 26. Juli 1619
Johan Schulte, S.d. Johan Schulte zu Aselage u.d. Thale – (fol. 99 [113r])

<504> 26. Juli 1619
Tale Timmerman, T.d. Johan Timmerman u.d. Margareta von Aselage – (fol. 99 [113r])

<505> 6. Juli 1619
Anna in dem Mergel, eheliche T.d. Peter zum Bamgerden u.d. Anna im Mergel – (fol. 99 [113r])

<506> 10. August 1619
Herman Henckenberg, S.d. Henrich Henckenberg u.d. Stine(?) Korff, Ksp. Ankum, Bs. Rüssel – (fol. 99‘ [113v])

<507> 31. August 1619
Otto und Friederich Hoffman, eheliche S.d. Johan Hoffman, Bürger in Quakenbrück, u.d. Thale Avesing – (fol. 99‘ [113v])

<508> 31. August 1619
Thale Gerveßman, T.d. Johan Gerveßman u.d. Hille, Ksp, Badbergen, Bs. Wulften, zusammen mit ihrem von Johan Sonneke gezeugten Säugling Johan – (fol. 99‘ [113v])

<509> 31. August 1619
Henrich Hillebrandt, S.d. Johan Hillebrandt u.d. eigenbehörigen Anna Greven, Bs. Grönloh (Gronlohe) – (fol. 99‘ [113v])

<510> 30. Oktober 1619
Lucke Geißen, T.d. Rateke Geißen u.d. Wobbe, Ksp. Ankum, Bs. Westerholte – (fol. 99‘ [113v])

<511> 5. September 1619
Herman Kornhagen gen. Stoltman, dessen Frau Mareike und deren gemeinsame Kinder Theußen, Reineke und Anna im Amt Grönenberg – (fol. 99‘ [113v])

<512> 10. Januar 1619
Herman Lonneker, S.d. Jesper Lonneker u.d. Anna in der Hegge – (fol. 100 [114r])

<513> 23. April 1619
Gertrudt Niemeier, T.d. Johan Niemeier

u.d. Gertrudt, Ksp. Gütersloh – (fol. 100 [114r])

<514> 23. April 1619
Peter Mollenbruch, S.d. Herman Mollenbruch u.d. Anna Pagenstrot – (fol. 100 [114r])

<515> 20. November 1619
Christian und Nete Berckenbusch, Kinder des Johan Berckenbusch u.d. Gertrudt, Ksp. Gütersloh – (fol. 100 [114r])

<516> 12. Juli 1619
Taleke zu Handorff, T.d. Henrich zu Handorff u.d. Anna, Ksp. Damme, Bs. Grandorf – (fol. 100 [114r])

<517> 12. Juli 1619
Gerdt zu Uphausen, S.d. Gerdt zue Uphausen u.d. Mette, Ksp. Damme, Bs. Hinnenkamp – (fol. 100 [114r])

<518> 24. Dezember 1619
Anna Walterman, T.d. Reineke Walterman vom Ostenfelde[33] u.d. Anna – (fol. 100 [114r])

<519> 9. März 1620
Tabeke, T.d. Meiers Ludeke u.d. Trine, Eheleute zu Bokeren, Ksp. Damme, Bs. Holte – (fol. 100 [114r])

<520> 22. Juli 1619
Johan von Eicken, Amt Wittlage – (fol. 100‘ [114v])

<521> 11. April 1620
Jobst Framking, S.d. Framckxs(!) ufr Heide u.d. Anna Framcking, Ksp. Oldendorf, Amt Grönenberg – (fol. 100‘ [114v])

<522> 13. März 1620
Marieke Varwichs, T.d. Johan u.d. Elsche, Ksp. Ostercappeln, Bs. Stirpe – (fol. 100‘ [114v])

<523> 23. Mai 1620
Johan Avesingk, S.d. Friederich Avesingk u.d. Schwenneke, Ksp. Ankum, Bs. Druchhorn – (fol. 100‘ [114v])

<524> 23. Mai 1620
Gerdt Bange, S.d. Marten Bange u.d. Taele Meese, auf dem fürstbischöflicheigenen Krentzelmans Erbe zu Walsum, Ksp. Ankum, geboren – (fol. 100‘ [114v])

<525> 27. Mai 1620
Johann Wulfferts, S.d. Johan Wulfferts u.d. Catharina, Ksp. Badbergen, Bs. Grönloh – (fol. 100‘ [114v])

<526> 27. Mai 1620
dessen [= Johann Wulfferts] Schwester Tale – (fol. 100‘ [114v])

<527> 10. Juni 1620
Tale Rolffs, T.d. Johan Roleffs u.d. Lise Godemans, auf Godemans Erbe, Ksp. Neuenkirchen, Bs. Limbergen – (fol. 100‘ [114v])

<528> 20. Juni 1620
Gese Hannberg, T.d. Gerdt Hannberg u.d. Gese, Ksp. Ankum, Bs. Westerholte – (fol. 101 [115r])

<529> 12. August 1620
Heinrich Dyckstall, ehelicher S.d. Walter u.d. Stine Dyckstal, gesmoldische

33 Wohl Ksp. Glane, da dort der Name Walterman vorkommt.

eigenbehöriger Frawensperson, Ksp. Riemsloh – (fol. 101 [115r])

<530> 7. September 1620
Tabe Rixman, T.d. Arndt Rixman u.d. Tabe, im Dorf Ankum – (fol. 101 [115r])
<531> 16. September 1620
Herman Molleman, S.d. Herman Molleman u.d. Anna, Ksp. Ankum, Bs. Rüssel – (fol. 101 [115r])

<532> 16. September 1620
Schwestern Agnetha, Tale und Hille Macke, T.d. Friederich und Tale Macke, im Dorf Ankum – (fol. 101 [115r])

<533> 30. Mai 1620
Johan zu Severinghausen, S.d. Dietherich Severinghausen u.d. Fenne, Ksp. Neuenkirchen, Bs. Hörsten, Amt Vörden – (fol. 101 [115r])

<534> 21. Mai 1620
Anna Borcherding, natürliche T.d. eigenbehörgen Tabe von Bühren u.d. Werneke Borcherdingh, Ksp. Ueffeln – (fol. 101 [115r])

<535> 16. Oktober 1620
Hille beim Steine, T.d. Heinrich u.d. Trine beim Steine, Ksp. Damme, Bs. Rüschendorf (Russchendorff) – (fol. 101‘ [115v])

<536> 16. Oktober 1620
Trine Laerberg, T.d. Carsten u.d. Anna Laerberg, Ksp. Bramsche, Bs. Achmer – (fol. 101‘ [115v])

<537> 16. Oktober 1620
Geschwister Johan und Lucke Holtzgreve, Kinder des Johan Holtzgreve u.d. Anna, Ksp. Bramsche, Bs. Achmer – (fol. 101‘ [115v])

<538> 10. Dezember 1620
Jurgen Kleykampf, unehelicher S.d. Johann Kleikampf u.d. Aleken zum Varwich oder Averdeichs, dem Amtshaus Iburg eigenbehörig, – (fol. 101‘ [115v])

<539> 13. Oktober 1620
Grete Schluiters, T.d. Abeke Schluiters u.d. Abeke, dem Haus Gesmold eigen, Bs. Warringhoff (Warringhoeffe) – (fol. 101‘ [115v])

<540> 3. November 1620
Anna Averdick, T.d. Sambson Averdick u.d. Grete, Ksp. Melle, Bs. Eicken – (fol. 101‘ [115v])[34]

<541> 18. Januar 1621
Anna zum Bomgarten, T.d. Herman zum Bomgarten u.d. Anna, Ksp. und Dorf Gesmold – (fol. 102‘ [116v])

<542> 15. Februar 1621
Anna zu Walssumb, T.d. Heinrich zu Walßumb u.d. † Catharina, Ksp. Ankum – (fol. 102‘ [116v])

<543> 17. Februar 1621
Else Schulte, T.d. Schulten zu Neuenkirchen im Hulße – (fol. 102‘ [116v])

<544> 21. Februar 1621
Thewes Vincke oder Schreiber, S.d. Johan Vincke u.d. Anna, auf Schreibers Markkotten, Ksp. Borgloh, Bs. Eppendorf – (fol. 102‘ [116v])

<545> 26. März 1621
Marieke Knolman, uneheliche T.d.

34 Die folgende Seite 102 [fol. 116r] ist leer.

Heinrich Knolman u.d. Grethe auff der Heide, dem Haus Gesmold eigen – (fol. 102‘ [116v])

<546> 11. April 1621
Tobe Varsing, T.d. Johan Varsing u.d. Grethe, im Dorf Ueffeln – (fol. 102‘ [116v])

<547> 24. April 1621
Catharina Roeff, T.d. Ludeke Roeff u.d. Trine, Ksp. Bersenbrück, Bs. Woltrup (Woltorpe) – (fol. 103 [117r])

<548> 15. Mai 1621
Wessel Eltinck, unehelicher S.d. Johann Eltings zu Vehs (Veeß) u.d. eigenbehörigen Tale Ruwe, jetziger Ruwenschen, Ksp. Badbergen, Bs. Lechterke – (fol. 103 [117r])

<549> 20. Februar 1621
Tale zum Hinnenkampfe, T.d. Arndt zum Hinnenkampfe u.d. Thale, im Amt Vörden, Bs. Hinnenkamp – (fol. 103 [117r])

<550> 25. Mai 1621
Herman Knolman, dem Haus Gesmold eigenbehörig, S.d. Heinrich Knolman u.d. Anna Moring, Ks. Oldendorf, Bs. Holsten (Holstein) – (fol. 103 [117r])

<551> 3. Mai 1621
Elsche Olthoff gen. Kranstover, T.d. Johan Olthoff u.d. Grethe, auf dem Kranstover Kotten, Ksp. Melle, Bs. Gerden – (fol. 103 [117r])

<552> 3. Mai 1621
Johan Fobbeker, S.d. Herman Fobbeker u.d. Alheidt, Ksp. Oldendorf, Bs. Westerhausen – (fol. 103 [117r])

<553> 29. März 1621
Gerdt zum Brincke, S.d. Bartholdt zum Brincke u.d. Ebbeken Elsen, Ksp. Gütersloh, Amt Reckenberg – (fol. 103‘ [117v])

<554> 14. August 1621
Johan Bruggeman, S.d. Schweder Bruggeman u.d. gesmoldischen Eigenbehörigen Trine Rotman, Ksp. Schledehausen – (fol. 103‘ [117v])

<555> 8. Oktober 1621
Anna Knippenberg, T.d. Gerdt Knippenberg u.d. Thale Hermeier, Ksp. Essen, Bs. Lackhausen, sowie ihre mit Herman Nierman unehelich gezeugte Tochter Lucke Niermann – (fol. 103‘ [117v])

<556> 4. September 1620(!)
Heinrich Achtermeier, aus zweiter Ehe, S.d. Heinrich Achtermeier u.d. Catharina, Ksp. Buer – (fol. 103‘ [117v])

<557> 4. September 1620(!)
Ludeke Uhleman gen. uffr Holle, S.d. Tewes Uhleman u.d. eigenbehörigen Anna Barning, Ksp. Buer, Bs. Löhlingdorf (Lollingtorff) – (fol. 103‘ [117v])

<558> 15. Oktober 1621
Catharina Bulthoeps, T.d. Herman Bulthoeps u.d. Grethe, Ksp. Buer – (fol. 103‘ [117v])

<559> 24. September 1621
Anna Weßelkamps, T.d. Herman u.d. Thale Wesselkamps, Ksp. Ankum, Bs. Rüssel – (fol. 104 [118r])

<560> 19. November 1621
Gretha zu Stockumb, T.d. Gerdt zu

Stockumb u.d. Else, Ksp. Ankum, Bs. Brickwedde – (fol. 104 [118r])

<561> 20. Oktober 1621
Geschwister Gerdt und Marieke Rantze, Kinder des † Gerdt Rantz u.d. † Catharina Hakemans – (fol. 104 [118r])

<562> 27. November 1621
Anna Voß zu Dissen, T.d. Gerdt Voß u.d. Anna Sudenkamps – (fol. 104 [118r])

<563> 12. Januar 1622
Gerdt Schroder, [unehelicher?] S.d. Jasper Schroder zu Borgloh u.d. Gertraudt Alfermans gen. Rhemen, Ksp. Dissen – (fol. 104‘ [118v])

<564> 18. Juli 1621
Marten Middendorp, im Amt Iburg, Ksp. Hilter, seine Hausfrau Catharina vom Berge, deren zwei Söhne Jasper und Johan sowie die Tochter Maria – (fol. 104‘ [118v])

<565> 25. Februar 1622
Herman Fobbe, S.d. Clauws Fobbe u.d. Anna, Ksp. Schledehausen, Bs. Linne – (fol. 105 [119r])

<566> 10. Mai 1622
Rotger Deichmeier, S.d Johann Deichmeier u.d. Anna, Ksp. Laer, Bs. Hardensetten – (fol. 105 [119r])

<567> 25. Juli 1622
Johan Roleffs, S.d. Johan u.d. Grethe Roleffs ufr der Mersch vor Iburg – (fol. 105 [119r])

<568> 2. August 1622
Elske Gakeßbrinck, T.d. Jürgen Gakeßbrinck u.d. eigenbehörigen Trine Herberding, Ksp. Melle – (fol. 105 [119r])

<569> 30. August 1622
Johan Gollinckhorst, S.d. Lambert Gollinckhorst u.d. † Nese, Ksp. Badbergen, Bs. Wehdel – (fol. 105 [119r])

<570> 30. August 1622
Modeke Gollinckhorst [aus zweiter Ehe], T.d. Lambert Gollinckhorst u.d. Anna – (fol. 105 [119r])

<571> 30. September 1622
Anna Vogedingk, T.d. Cordt Vogtt u.d. Grethe, auf Vogts Kotten im Ksp. Gesmold – (fol. 105‘ [119v])[35]

<572> 30. September 1622
Marieke Lining, T.d. Johan Lining u.d. Grethe, Bs. Uhlenberg, Ksp. Gesmold[36] – (fol. 105‘ [119v]))

<573> 4. November 1622
Anna vorm Wetberge, T.d. Johan vorm Wetberge u.d. Anna, Ksp. Wellingholzhausen, Bs. Peinckdorf – (fol. 105‘ [119v])

---

35 Fol. 106 [120r] ist ein eingelegter Zettel mit den eingereichten, gleichen Angaben zu Vogeding und Lining.

36 Nach DÜRING, Ortschaftsverzeichniß, S. 73, gehörte die Bauerschaft Uhlenberg zum Ksp. Wellingholzhausen.

Orts- und Namensindex zu den Freibriefen

Die Zahlen verweisen auf die Nummern der Freibriefe, ein * auf eine zugehörige Anmerkung.

Orte

Namen

Notizen zum Leben der Familie Jungwirth im Böhmerwald

von Werner Jungwirth

Mit dem Böhmerwald verbindet man in erster Linie die Berufe in der Landwirtschaft und verschiedene Waldarbeiten. Es gab natürlich auch andere Berufe die für das tägliche Leben notwendig waren, z. B. Wagner/Stellmacher.

Zunftrechte erhielten die Wagner von Kalsching 1569, von Kaplitz und Oberplan 1583, Untermoldau 1706, Rosenthal 1748, Reichenau an der Maltsch 1774, Neuern 1616 und Friedberg 1785.

Mein Großvater, Josef Jungwirth (* 27.07.1902 Priethal, † 24.05.1980 Sinsheim), erlernte den Beruf des Wagners vom 16.02.1920 bis 01.10.1922 bei dem Wagnermeister Josef Diener in Krummau und hat von 1931 bis 1941 als selbständiger Wagner in Hodenitz gearbeitet.

Laut Chronik der Gemeinde Haag 1930 ging 1929 die Wirtschaft (Häusler) in Hodenitz Nr. 9 von Alois und Aloisia Jungwirth, meinen Urgroßeltern, an Josef und Elisabeth Jungwirth über.

Der Böhmerwald gehörte durch das Münchner Abkommen von 1938 bis 1945 zum Deutschen Reich. Die Gemeinde Verwaltung wurde nach der reichsdeutschen Gemeinde Ordnung neu eingerichtet. Zum Bürgermeister von Haag wurde Leonhard Reiner, Bauer in Roiden bestellt. Beigeordnete wurden Josef Jungwirth, Franz Pawel, Leopold Pelech, Adalbert Putschögl, Alois Mayer. Gemeinde Räte wurden: Konrad Mühlberger, Wutschko, Josef Neuhauser, Bonnesdorf, Franz Pawel, Wratzau, Josef Pecho, Piesenreith, Adalbert Putschögl, Kuttau, Josef Benda, Haag und Franz Hauser, Oppach. Leopold Pelech übersiedelte nach Neuhäusl, an seine Stelle trat Johann Lang aus Scheiben.

Quellenangabe: [Buch:] Advokat und Zucker Bäcker, Berufe im Böhmerwald 1930 bis 1940; Glaube und Heimat; Roland Hefte 11/1991, 15/2004 und 17/2008; Chronik Gemeinde Haag und Familien-Unterlagen Jungwirth.

Die Nachfahren von Adam Müntefering (ca. 1696–1731) aus Hegensdorf (Paderborn)

Johannes Hermann Müntefering und Heiko Hungerige

Die Nachfahren von Adam **Müntefering** aus Hegensdorf sind teilweise bis in die 9. Nachfahrengeneration bekannt; eine familiäre Verbindung zu den Vorfahren von Johannes Hermann **Müntefering** (vgl. dazu den Artikel in diesem Band) aus Steinhausen und Eickhoff (seit 1975 zu Büren) konnte bisher nicht gefunden werden, ist aber sehr wahrscheinlich, da es sich bei Hegensdorf um eine südöstliche Ortschaft der Stadt Büren im Kreis Paderborn handelt.

Der Familienname Müntefering ist eine Zusammensetzung aus niederdeutsch *münte* („Münze") und mittelniederdeutsch *verding* („eine kleine Münzeinheit").[1]

Conrad **Müntefering** (1849–1918), ein Urururenkel von Adam **Müntefering**, emigrierte im Oktober 1876 in die USA und ließ sich als Farmer in Hutchinson, South Dakota, nieder. 1881 heiratete er in Carroll, Iowa, Margareth **Schupanitz** (1860–1946). Ihre Nachfahren sind ausführlich auf der amerikanischen und zu *Ancestry* gehörenden Website *Find a Grave*[2] dokumentiert (dort unter den Namen „Muntefering" oder „Montefering").

Abb. 1: Conrad Müntefering (1849–1918) emigrierte 1876 in die USA (Foto: J. H. Müntefering)

Abb. 2: 1881 heiratete er Margareth Schupanitz (1860–1946). (Foto: J. H. Müntefering)

1 Vgl. https://www.wortbedeutung.info/M%C3%BCntefering/.

2 Vgl. https://de.findagrave.com/.

Ein Urgroßneffe 4. Grades von Conrad **Müntefering** und ebenfalls ein Nachfahre von Adam **Müntefering** in der 8. Nachfahrengeneration ist der deutsche SPD-Politiker Franz **Müntefering**. Er war von 1998 bis 1999 Bundesminister für Verkehr, Bau- und Wohnungswesen im ersten Kabinett Schröder und von 2005 bis 2007 Vizekanzler und Bundesminister für Arbeit und Soziales im ersten Kabinett Merkel.

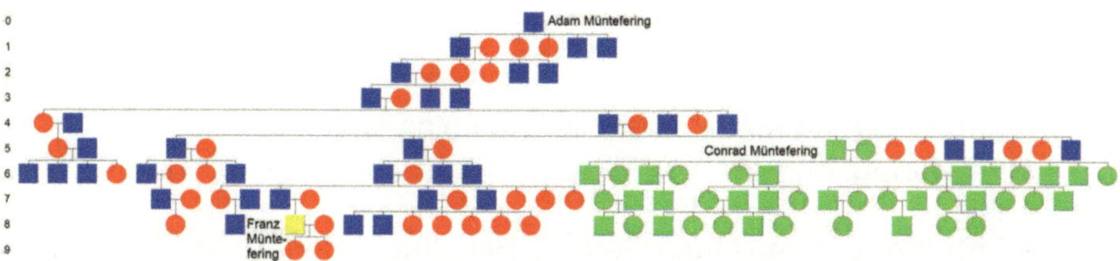

Abb. 3: Schematische Nachfahrentafel von Adam Müntefering (ca. 1696 – 1731) aus Hegensdorf. Der 1876 in die USA ausgewanderte Conrad Müntefering und seine Nachfahren sind grün markiert, der SPD-Politiker Franz Müntefering ist gelb markiert.

Insgesamt sind derzeit 90 direkte Nachfahren von Adam **Müntefering** bekannt. Die vollständige GEDCOM-Datei mit insgesamt 157 Personen ist in der Datenbank des *Roland zu Dortmund e.V.* recherchierbar.[3] Aus der folgenden Nachfahrenliste wurden Namen und Daten von möglicherweise noch lebende Personen (mit Ausnahme der Familie des SPD-Politikers Franz **Müntefering**, deren Daten in der deutschsprachigen *Wikipedia* zu finden sind) entfernt.

Nachfahrenliste Adam Müntefering (ca. 1696–1731)

1. **Müntefering**, Adam, Ackerer, * Hegensdorf um 1696, † ebd. 10.06.1731
∞ Hegensdorf 24.02.1716 (Tz: Henrich Brocken, Rikes Kesting)
Engel **Kesting**, * Hegensdorf um 1698, † Hegensdorf nach 1729

5 Kinder von Nr. 1

2. **Müntefering**, Anna Maria Elisabeth, Hausfrau, * Hegensdorf 12.12.1716, † ebd. um 1786
3. **Müntefering**, Anna Margaretha, Hausfrau, * Hegensdorf 12.03.1719, † ebd.

3 Vgl. https://tng.rolandgen.de/getperson.php?personID=I1&tree=Muentefering_Adam.

4. **Müntefering**, Bernd Jürgen, * Hegensdorf 19.04.1722, † ebd. 07.03.1725
5. **Müntefering**, Thomas Henricus, * Hegensdorf 29.11.1725, † ebd.
6. **Müntefering**, Jodokus (Jost) Heinrich, Bauer, * Hegensdorf 21.08.1729, † ebd. 31.12.1793. Er erbte den Hof in Hegensdorf.
   ∞ Hegensdorf 15.08.1751
   Elisabeth **Söhten**, Hausfrau, * Hegensdorf vor 1734, † ebd. nach 1768

5 Kinder von Nr. 6

7. **Müntefering**, Jacobus, * Hegensdorf 10.03.1752
8. **Müntefering**, Angela Maria Elisabeth, Hausfrau, * Hegensdorf 23.09.1754, † ebd.
9. **Müntefering**, Anna Maria Gertrud, Hausfrau, * Hegensdorf 10.04.1758, † ebd.
10. **Müntefering**, Johannes Jodocus, Bauer, * Hegensdorf 25.04.1764. Er erbte den Hof in Hegensdorf.
   ∞ Hegensdorf 11.01.1780
   Gertrud **Staetz**
11. **Müntefering**, Johannes Theodorus, * Hegensdorf 14.09.1768

3 Kinder von Nr. 10

12. **Müntefering**, Adamus, * Hegensdorf 24.02.1781
13. **Müntefering**, Johannes Franziskus, * Hegensdorf 28.01.1782, † ebd. 28.01.1782
14. **Müntefering gen. Schniederarens**, Johann Jodocus, Bauer, * Hegensdorf 08.04.1783, † ebd. 16.03.1857
   ∞ Hegensdorf 24.01.1807
   Catharina Margaretha **Schäfer**, Hausfrau, * Hegensdorf 09.09.1790, † ebd. 02.04.1830

5 Kinder von Nr. 14

15. **Müntefering**, Joannes Franciscus Henricus, Ackermann, * Hegensdorf 27.12.1814, † ebd. 07.03.1881. Er erbte den Hof in Hegensdorf.
   ∞ Siddinghausen 04.02.1840
   Maria Dorothea Christina **Pielsticker**, Hausfrau, * Siddinghausen 09.04.1813, † Hegensdorf 11.11.1875
16. **Müntefering**, Maria Angela Gertrud, Hausfrau, * Hegensdorf 19.06.1818, † Siddinghausen nach 1840. Sie heiratete nach Siddinghausen, Jodocus

Pielsticker (Tauschheirat). Die Trauung (Doppelhochzeit) fand in Siddinghausen statt, da seine Schwester (Pielsticker) in das Elternhaus seiner Frau einheiratete.
∞ Siddinghausen 04.02.1840
Jodocus **Pielsticker**

17. **Müntefering**, Conrad Henrich, * Hegensdorf 17.03.1823, † ebd. 06.08.1843
18. **Müntefering**, Angela Gertrud, Hausfrau, * Hegensdorf 03.10.1828, † ebd.
19. **Müntefering**, Johannes Hermanus, * 02.04.1830

10 Kinder von Nr. 15

20. **Müntefering**, Johann, Bauer, * Hegensdorf 30.10.1840, † ebd. Er erbte vermutlich den Hof in Hegensdorf.
∞ Hegensdorf 17.05.1873
Elisabeth **Greve**, Hausfrau, * Essentho, Hochsauerlandkreis, 12.03.1850, † Büren 30.06.1900
21. **Müntefering**, Maria Catharina, * Hegensdorf 15.11.1841, † ebd. 07.06.1849
22. **Müntefering**, Johannes Jodocus Heinrich, Bauer, * Hegensdorf 09.06.1843, † Meerhof 1898

Abb. 4: Grab von Conrad „Montefering" (Nr. 25) und seiner Ehefrau Frau Margreth, geb. Schupanitz, auf dem Sacred Heart Cemetery in Parkston, Hutchinson County, South Dakota, USA. (Foto: Bill M, Find a Grave[4])

4 https://images.findagrave.com/photos/2011/220/74650178_131287478432.jpg.

Abb. 5: Die Familie von Conrad Müntefering (Nr. 25) und seiner Frau Margreth, geb. Schupanitz, in den USA. (Foto: J. H. Müntefering)

∞ Meerhof 14.06.1870
Maria Agatha **Raue**, Hausfrau, * Meerhof 30.05.1836, † ebd. 27.09.1896

23. **Müntefering**, Maria Elisabeth, * Hegensdorf 02.05.1845, † ebd. 09.12.1848
24. **Müntefering**, Johann Hermann Anton, * Hegensdorf 01.02.1847, † ebd. 27.11.1848
25. **Müntefering gen. Schniederahrend**, Conrad, Farmer, * Hegensdorf 29.08.1849, † Hutchinson, South Dakota, 06.07.1918, □ Parkston, Hutchinson County, South Dakota. Er wanderte aus und erreichte die USA am 14. Oktober 1876. Auf seinem Grabstein („Montefering") auf dem *Sacred Heart Cemetery* in Parkston, Hutchinson County, South Dakota, ist als Geburtsdatum abweichend der 29.08.1850 angegeben.
    ∞ Carroll, Iowa, 10.05.1881
    Margareth **Schupanitz**, * 25.12.1860, † Parkston, South Dakota, 21.05.1946
26. **Müntefering**, Hermann Heinrich, * Hegensdorf 07.04.1851, † ebd. 30.01.1860
27. **Müntefering**, Therese, * Hegensdorf 07.03.1853, † ebd. 18.01.1859
28. **Müntefering**, Angela Caroline, * Hegensdorf 22.09.1855, † ebd. 03.05.1860
29. **Müntefering**, N.N., * u. † 03.09.1860

1 Kind von Nr. 16

30. **Pielsticker**, Therese, Hausfrau, * Siddinghausen 16.12.1840
∞ Obermarsberg, Hochsauerlandkreis, 26.04.1864
Franz Kaspar Joseph **Föbbe**, * Obermarsberg, Hochsauerlandkreis, 27.01.1821, † 05.01.1876

3 Kinder von Nr. 20

31. **Müntefering**, Franz, Reichsinvalide, * Hegensdorf 24.04.1874, † Bochum (St. Elisabeth-Krankenanstalt) 23.03.1937.[5] Er wohnte bis zu seinem Tod auf der Heidestr. 86 in Bochum.
∞ Bochum 21.05.1908
Maria **Schmidt**, Hausfrau, * Bochum 21. 03.1878, † ebd. 31.10.1924
32. **Müntefering**, Dorothea, * Hegensdorf 21.09.1875
33. **Müntefering**, Johann Henrich, * Hegensdorf 23.11.1877
∞ 13.11.1913
Anna Maria **Lange**

3 Kinder von Nr. 22

34. **Müntefering**, Franz, Schäfer, * Meerhof 08.06.1871. Er zog nach Böingsen, Kreis Iserlohn.
∞ Eisborn, Märkischer Kreis, 24.11.1898
Maria **Pröpper**, Hausfrau, * Iserlohn 16.04.1870, † Amecke, Hochsauerlandkreis, 18.10.1930
35. **Müntefering**, Johannes, * 24.12.1872
36. **Müntefering**, Bernard, * 14.09.1874

9 Kinder von Nr. 25

37. **Muntefering**, Mary Anna, * Iowa, USA 25.03.1884, † Parkston, Hutchinson County, South Dakota, 08.1979, ☐ ebd.
∞
John **Thome**, * St. Bernard, Platte County, Nebraska, 20.10.1888, † Parkston, Hutchinson County, South Dakota, 03.1972
38. **Muntefering**, Frank, * 1886
39. **Muntefering**, Sophey, * 06.1889
40. **Muntefering**, John Henry, * Mount Carmel, Carroll County, Iowa,

5 StA Bochum-Mitte, Sterbeurkunde Nr. 571, Dig. 576, OWL_P6-03_00990_00576.

03.01.1892, † Mitchell, Davison County, South Dakota, 01.1985, ☐ Dimock, Hutchinson County, South Dakota
∞ Dimock, Hutchinson, South Dakota, 20.04.1915
Bertha E. **Hohn**, * 1890, † 1973

41. **Muntefering**, Henry J., * Breda, Carroll County, Iowa, 12.03.1894, † 11.1987, ☐ Dimock, Hutchinson County, South Dakota
∞
Eva Carolina **Roth**, * South Dakota 01.1891, † 1966

42. **Muntefering**, Louise L., * Breda, Carroll County, Iowa, 05.04.1896, † Parkston, Hutchinson, South Dakota, 12.03.1988, ☐ ebd.
∞
Joseph Jacob **Hohn** Jr., * Dimock, Hutchinson, South Dakota, 04.1896, † Parkston, Hutchinson, South Dakota, 05.04.1973

43. **Muntefering**, Anthony „Tony“, * 1898, † 1975
∞
Anna Albertine Marie **Klabunde**, * Fort Calhoun, Washington County, Nebraska, 11.01.1896, † Parkston, Hutchinson County, South Dakota, 26.11.1991

44. **Muntefering**, Lawrence Pat, * 1904, † 04.11.1978, ☐ Ethan, Davison County, South Dakota
∞
Marcella Vivian **Schurz**, * 1916, † 2004

45. **Muntefering**, Dorothy Ann, * South Dakota 22.04.1908, † 21.11.1999, ☐ Carroll, Carroll County, Iowa, USA
∞
George J. **Schmitt**, * Iowa, USA 1901, † 1958

4 Kinder von Nr. 30

46. **Föbbe**, Franz Josef, * Obermarsberg, Hochsauerlandkreis, 04.07.1865
47. **Föbbe**, Johannes, * Obermarsberg 23.12.1867
48. **Föbbe**, Wilhelm, * Obermarsberg 09.03.1870
49. **Föbbe**, Ottilie, * Obermarsberg 01.11.1872

1 Kind von Nr. 31

50. **Müntefering**, Johannes, * Bochum 13.11.1913
∞ Bochum 16.12.1935
Lydia **Dröge**, * Wanne-Eickel 03.07.1911

7 Kinder von Nr. 34

51. **Müntefering**, Wilhelm, Lokomotivführer und Landwirtschaftsgehilfe, * Asbeck, Märkischer Kreis, 11.04.1895, † Amecke 24.09.1940
∞ Stockum, Hochsauerlandkreis, 22.04.1923
Franziska **Schulte**, Hausfrau, * Sundern, Hochsauerlandkreis, 08.09.1897
52. **Müntefering**, Theodor, * Asbeck 19.08.1899
53. **Müntefering**, Maria, * Helle, Märkischer Kreis, 16.11.1901
∞
Wilhelm **Bürger**
54. **Müntefering**, Bernhardine, Hausfrau, * Helle, Märkischer Kreis, 28.04.1903
∞
Theodor **Kaiser**
55. **Müntefering**, Sophie, Hausfrau, * Helle 05.12.1905
56. **Müntefering**, Elisabeth, Hausfrau, * Riemke, Märkischer Kreis, 15.01.1909
∞
Joseph **Rapp**
57. **Müntefering**, Franz, Landwirt in Neheim, * Riemke, Märkischer Kreis, 17.06.1910, † Arnsberg 22.04.1985
∞ **N.N.**

6 Kinder von Nr. 37

58. **Thome**, Margret A., * South Dakota, USA, 09.02.1912, † Hutchinson County, South Dakota, 05.06.2000, ☐ Dimock, Hutchinson County, South Dakota
∞
Edward J. **Hohn**, * 07.05.1910, † Hutchinson County, South Dakota, 04.1972
59. **Thome**, Laura Josephine, * South Dakota, USA, 01.03.1915, † Parkston, Hutchinson, South Dakota, 01.08.1998 USA, ☐ ebd.
∞
Edward Clements **Smith**, * Hutchinson, South Dakota, 31.01.1916, † Mitchell, Davison, South Dakota, 22.10.2005
60. **Thome**, Sylvester H., * Hutchinson, South Dakota, 30.06.1917, † Mitchell, Davison, South Dakota, 10.10.2005, ☐ ebd.

Übersetzung des Nachrufs: „Sylvester H. Thome, 88, aus Mitchell, starb am 10. Oktober im Firesteel Healthcare Center. Der Trauergottesdienst findet am Freitag um 10.30 Uhr in der katholischen Kirche Holy Spirit statt. Besuchsmöglichkeit am Donnerstag von 18 bis 20 Uhr in der Will Funeral Chapel, mit einem Gebetsgottesdienst um 19 Uhr. Die Beerdigung findet auf dem Calvary-Friedhof statt. Sylvester H. Thome, Sohn von John und

Anna (Muntefering) Thome, wurde am 30. Juni 1917 auf der Familienfarm in Hutchinson County, SD, geboren. Er wuchs in der Gegend von Beardsley, SD und Parkston, SD auf. Sylvester besuchte die Landschule und die katholische Schule in Parkston. Nach seiner Schulzeit half er auf der Familienfarm und war als Bauarbeiter für verschiedene Bauunternehmen tätig. Sylvester heiratete er am 19. April 1958 in Rock Rapids, IA, Dorothy Weber. Sylvester war 20 Jahre lang bei Robideau Trucking beschäftigt und ging in den frühen 1980er-Jahren in den Ruhestand. Er war Mitglied der katholischen Kirche Holy Spirit und kümmerte sich gerne um seinen Garten. Sylvester liebte es, Zeit mit seinen Enkelkindern und Freunden zu verbringen. Vor ihm starben seine Eltern; ein Sohn, Kenneth Lee; drei Schwestern, Margaret und Ed Hohn, Laura Smith, Clara und Rudolph Brech; ein Bruder, Norbert Thome; Schwager und Schwägerin, Donald und Ruby Weber, Melvin und Anna Mae Hall, Mary Margaret Weber.“[6]

∞ Rock Rapids, Lyon, Iowa, 19.04.1958
Dorothy Joanne **Weber**, * Mitchell, Davison, South Dakota, 09.12.1931, † ebd. 12.01.2017, □ ebd. 18.01.2017

Nachruf (Übersetzung) mit freundlicher Genehmigung von Will Funeral Home, Mitchell SD: „Dorothy Joanne Thome, 85 Jahre alt, aus Mitchell, SD, starb am Donnerstag, den 12. Januar 2017 in der Firesteel Healthcare Community. Die Messe für das christliche Begräbnis findet am Mittwoch, 18. Januar 2017, um 11:00 Uhr in der katholischen Kirche Holy Spirit statt, sie wird auf dem Calvary-Friedhof beigesetzt. Besuchsmöglichkeit am Dienstag, den 17. Januar 2017, von 18:00 bis 20:00 Uhr in der Will Funeral Chapel statt, mit einem Gebetsgottesdienst, der um 19:00 Uhr beginnt. Dorothy Joanne Thome, Tochter von Michael und Josephine (Schoenfelder) Weber, wurde am 9. Dezember 1931 in Mitchell, SD, geboren. Sie besuchte die Prosper Center Country School in Davison County, SD. Dorothy lebte in Mitchell und war von 1952 bis 1959 in der Armour Creamery beschäftigt. Am 19. April 1958 heiratete sie Sylvester Thome in Rock Rapids, IA. Das Paar wohnte weiterhin in Mitchell. Während ihrer Zeit in Mitchell war Dorothy von 1960 bis 1965 im Brig Café, von 1965 bis 1969 im Sunshine Café, von 1969 bis 1972 im Red Owl Restaurant und von 1975 bis 1980 als Tupperware-Händlerin tätig. Das Paar zog für kurze Zeit nach North Platte, NE, wo Dorothy als Managerin eines Verbrauchermarktes tätig war. Sie kehrte nach Mitchell zurück und arbeitete von 1988 bis 1993 als Kellnerin im I-90 Café. In ihrem Ruhestand widmete sich Dorothy dem Häkeln, der Keramik, der Handarbeit, dem Basteln von Leinwänden, dem Bingo und dem Kartenspielen. Sie war Mitglied der katholischen Kirche Holy Spirit. Vor ihr starben ihr Ehemann Sylvester am 10. Oktober 2005, ein kleiner Sohn, Kenny, im Jahr 1962, ihre Eltern, drei Schwestern, Anna Mae Hall, Shirley Gunn und Mary Margaret, und ein Bruder, Don Weber.“[7]

---

6 https://de.findagrave.com/memorial/88079629/sylvester-h-thome.
7 https://de.findagrave.com/memorial/175431610/dorothy-joanne-thome.

61. **Thome**, Clara Catherine, * South Dakota, USA, 06.09.1919, † Dimock, Hutchinson, South Dakota, 14.08.2004, □ Parkston, Hutchinson, South Dakota

∞

Rudolph Peter **Brech**, * South Dakota, USA, 09.05.1921, † Dimock, Hutchinson, South Dakota, 19.11.2003

62. **Thome**, Norbert Frank, * South Dakota, USA, 01.08.1923 † Parkston, Hutchinson, South Dakota, 11.1985, □ ebd.

∞

Hildegard <u>Hilda</u> Ann **Schoenfelder**, * Ethan, Davison, South Dakota, 16.07.1922, † Parkston, Hutchinson, South Dakota, 23.04.2017

63. **Thome**, Rosaline Bertha, * Parkston, Hutchinson, South Dakota, 28.06.1927, † Mitchell, Davison, South Dakota, 26.08., □ ebd. 30.08.2008

Nachruf hinzugefügt vom Ersteller der Gedenkstätte (Übersetzung): „Rosaline B. Brech, 81 Jahre alt, aus Mitchell starb am Dienstag, den 26. August 2008 im Firesteel Healthcare Center. Der Trauergottesdienst findet am Samstag, den 30. August um 10.30 Uhr in der katholischen Kirche Holy Spirit statt. Die Beerdigung erfolgt auf dem Servicemen's Memorial Cemetery in Mitchell. Besuchsmöglichkeit am Freitag von 18:00 bis 20:00 Uhr in der Will Funeral Chapel, der Rosenkranz beginnt um 19:30 Uhr. Rosaline wurde am 28. Juni 1927 in Parkston als Tochter von John und Annie (Muntefering) Thome geboren. Sie wuchs in Parkston auf und besuchte dort die Grundschule. Am 9. Februar 1948 wurde sie in Parkston mit Wilfred Brech verheiratet. Das Paar lebte in den Gebieten White Lake, Parkston, Mt. Vernon und Mitchell und betrieb dort Landwirtschaft. Rosaline arbeitete und kochte für die VFW, die Moose Lodge und das Wilge Nursing Home in Mitchell. Sie war Mitglied der Holy Spirit Church und der VFW Auxiliary. Sie und Wilfred haben viele Bingoabende zusammen veranstaltet. Zu ihren großen Freuden gehörten Bingo, Kartenspielen und vor allem ihre Enkel- und Urenkelkinder. Dankbar, ihr Leben mit ihr geteilt zu haben, sind ihre Töchter Shirley Gromer, Mitchell, und Carol Olivier, Mitchell. Enkeltöchter: Deanna Gromer, Linda VandenOever, und Stacy Olivier. Enkelsöhne: Duane Gromer Jr., Scott Geppert, Casey Gronewold, Cory Gronewold, Josh Olivier und Stiefenkel Allen Dobson. Urenkelkinder: Crystal Steinfeld, Zach Goos, Courtney Goos, Casey VanDenOever, Brandi VanDenOever, Kaden Geppert, Porter Geppert, und Kathryn Olivier. Vor ihr starben ihr Ehemann, ihre Tochter Shari Gronewold, ihre Eltern, ihre Brüder Sylvester und Norbert, ihre Schwestern Margaret Hohn, Laura Smith und Clara Brech sowie ein Neffe Melvin Hohn."[8]

∞ Parkston, Hutchinson, South Dakota, 09.02.1948

Wilfred Joseph **Brech**, * South Dakota, USA, 10.12.1925, † Sioux Falls, Minnehaha County, South Dakota, 07.02.2002

8 https://de.findagrave.com/memorial/87471625/rosaline-bertha-brech.

1 Kind von Nr. 41

64. **Muntefering**, Elmar John, * Dimock, Hutchinson County, South Dakota, 09.08.1930, † Sioux Falls, Minnehaha County, South Dakota, 11.02.2011, ☐ Dimock, Hutchinson County
∞ I. 25.04.1950
Darlene Marie **Boehmer**, * Parkston, Hutchinson County, South Dakota, 03.10.1931, † Dimock, Hutchinson County, South Dakota, 04.01.2004
∞ II. *bekannt*

3 Kinder von Nr. 42

65. **Hohn**, Willard Joseph, * Ethan, Davison, South Dakota, 30.01.1919, † Chandler, Maricopa County, Arizona, 17.03.2021, ☐ Mitchell, Davison, South Dakota
∞
Celine C. **Marking**, * 20.09.1924, † Glendale, Maricopa County, Arizona, 19.10.2006

66. **Hohn**, Marceline Josephine, * Hutchinson, South Dakota, 18.02.1922, † Parkston, Hutchinson, South Dakota, 16.05.2022, ☐ ebd.
∞
N.N. **Degen**

67. **Hohn**, Stella Margaret, * South Dakota 01.09.1926, † Parkston, Hutchinson, South Dakota, 07.05.2022 USA, ☐ Douglas County, South Dakota, USA
∞ Ethan, Davison, South Dakota, 12.04.1948
Melvin Wilbert **Klumb**, * Ethan, Davison County, South Dakota, 05.08.1923, † Sioux Falls, Minnehaha, South Dakota, 22.07., ☐ Douglas, South Dakota, Saint John Cemetery 25.07.1992

Nachruf (Übersetzung): „Melvin W. Klumb, 68 Jahre alt, aus Ethan, S.D., starb am 22. Juli 1992 im Veteranenkrankenhaus in Sioux Falls. Der Gottesdienst fand am Samstag, dem 25. Juli, um 10.30 Uhr in der St. John's Lutheran Church in Dimock statt. Die Beisetzung erfolgte auf dem Kirchenfriedhof mit militärischem Ritus. Die Will Funeral Chapel aus Mitchell war für die Beerdigung zuständig. Er wurde am 5. August 1923 in Davison County als Sohn von Gustave und Martha (Storm) Klumb geboren. Er wurde in der St. John's Lutheran Church-Hillside getauft und konfirmiert, wo er ein Leben lang Mitglied war und in verschiedenen Gremien diente. Er heiratete Stella Hohn am 12. April 1948 in der Emsley Church, Ethan. Er diente während des Zweiten Weltkriegs in der US-Marine und war Mitglied der American Legion und des D.A.V. Melvin war während all seiner Arbeitsjahre Landwirt. Er hinterlässt seine Frau Stella; drei Söhne, Larry und Frau Pat aus Ethan, Gary und Frau Jacki aus Dimock und Terry und Frau Lisa aus Dimock; zwei Töchter, Mrs. Gerald (Sandy) Moke aus Ethan und Mrs. Douglas (Bonnie) Reimnitz aus Korsika; 19 Enkelkinder; drei Brüder, Carmen und LaVern aus Mt. Vernon und Eugene aus Plymouth, Minnesota und eine Schwester, Nelda Marshall aus Draper, S.D. Vor ihm starben seine Eltern und ein kleiner Bruder, Orville. Tripp Star Ledger, 29. Juli 1992“[9].

1 Kind von Nr. 44

68. **Muntefering**, Donna Margaret, * 14.07.1936, † 14.06.1992, □ Alexandria, Hanson County, South Dakota
∞
William Nicholas „Bill" **Wagner**, * Alexandria, Hanson County, South Dakota, 01.12.1936, † Mitchell, Davison County, South Dakota, 20.10.2006

1 Kind von Nr. 50

69. *bekannt*

7 Kinder von Nr. 51

70. **Müntefering**, Wilhelm, * Amecke, Hochsauerlandkreis, 23.01.1924, † ebd. 23.01.1924
71. *bekannt*
72. *bekannt*
73. *bekannt*
74. **Müntefering**, Maria, * Amecke, Hochsauerlandkreis, 14.05.1931, † ebd. 24.07.1931
75. *bekannt*
76. *bekannt*

1 Kind von Nr. 56

77. **Rapp**, Johannes, * Affeln, Märkischer Kreis, 31.07.1941, † ebd. 21.06.2004
∞
bekannt

9 https://de.findagrave.com/memorial/71553805/melvin-wilbert-klumb.

1 Kind von Nr. 57

78. **Müntefering**, Franz, * Neheim 16.01.1940, Deutscher Politiker (SPD)
∞ I.
Renate **Latusek**, * 25.06.1940, † Sundern 15.06.2017
∞ II. 1995
Ankepetra **Rettich**, * 1946, † Bonn 31.07.2008
∞ III. 12.12.2009
Michelle-Jasmin **Schumann**, * Herne 09.04.1980. „Michelle-Jasmin Müntefering [...] ist eine deutsche Journalistin und Politikerin (SPD). Sie ist seit 2013 Mitglied des Deutschen Bundestages und vertritt als direkt gewählte Abgeordnete den Bundestagswahlkreis Herne–Bochum II. Von März 2018 bis Dezember 2021 war sie Staatsministerin für Internationale Kulturpolitik beim Bundesminister des Auswärtigen im Kabinett Merkel IV“ (zit. n. Wikipedia).

1 Kind von Nr. 60

79. **Thome**, Kenneth Kenny Lee, * 17.05.1962, † 29.06.1962, □ Mitchell, Davison, South Dakota

1 Kind von Nr. 61

80. **Brech**, James Mathew, * Parkston, Hutchinson, South Dakota 20.09.1947, † 10.11.2015, □ Parkston

Nachruf mit freundlicher Genehmigung von Bittner Funeral Home, Mitchell SD: „James Mathew Brech wurde am 20. September 1947 in Parkston als Sohn von Rudolph und Clara (Thome) Brech geboren. Er wuchs auf einer Farm auf, besuchte die Sacred Heart School bis zur 8. Klasse und machte 1965 seinen Abschluss an der Parkston High School. Er diente sechs Jahre lang in der Army National Guard. Am 28. Oktober 1972 heiratete er Sharon Koster in der katholischen Kirche St. Peter und Paul in Dimock. Sie lebten auf einer Farm westlich von Dimock. Er arbeitete mehrere Jahre lang für Pat Weber Construction, dreiundzwanzig Jahre lang für Trail King Industries und zuletzt bis zu seinem gesundheitlichen Versagen als Kurier für Avera Health. Jim hatte einen starken Glauben und schätzte die Zeit, die er mit seiner Familie verbrachte. Er liebte es, mit seiner Familie Ausflüge zu machen und Motorrad zu fahren. Er war Mitglied der Sacred Heart Catholic Church und der Knights of Columbus. Vor ihm starben seine Eltern, seine Schwiegereltern Urban und Rita Koster, seine Großeltern Matt und Katie Brech, ein Neffe Shawn Gerlach

und mehrere Tanten und Onkel."[10]
∞ Dimock, Hutchinson, South Dakota 28.10.1972
Sharon **Koster**

2 Kinder von Nr. 63

81. *bekannt*
∞ *bekannt*
82. *bekannt*
∞ *bekannt*

5 Kinder von Nr. 67

83. *bekannt*
84. *bekannt*
85. *bekannt*
86. *bekannt*
87. *bekannt*

2 Kinder von Nr. 68

88. **Wagner**, Donald Anthony „Donnie", * Hanson County, South Dakota 06.09.1960, † 29.03.2014 Kansas City, Missouri, USA
89. **Wagner**, Patricia, * 1961, † 1961, □ Alexandria, Hanson County, South Dakota, USA

2 Kinder von Nr. 78

90. **Müntefering**, Mirjam, deutsche Journalistin und Schriftstellerin, * 29.01.1969 Neheim-Hüsten, Hochsauerlandkreis, NRW. „Mirjam Müntefering ist Tochter des SPD-Politikers Franz Müntefering. In ihrer Jugend war sie bei den Jusos aktiv. Sie studierte an der Ruhr-Universität in Bochum Theater- und Filmwissenschaften, wurde als Fernsehjournalistin ausgebildet und arbeitete einige Jahre in diesem Beruf. Nebenbei schrieb sie Jugendbücher. Seit 2000 arbeitet Müntefering als Schriftstellerin. Außerdem ist sie Inhaberin einer Hundeschule in Hattingen. Mit ihrer Partnerin Sabine, mit der sie 2009 eine Lebenspartnerschaft einging, setzt sich Müntefering für eine Gleichstellung gleichgeschlechtlicher

10 https://de.findagrave.com/memorial/155283054/james-mathew-brech.

Partnerschaften ein. Aufgrund des Umgangs der römisch-katholischen Kirche mit Homosexualität trat sie aus der Kirche aus. 2009 wurde ihr von der LAG Lesben in NRW der Augspurg-Heymann-Preis für ihr lesbenpolitisches Engagement verliehen“ (zit. n. Wikipedia)
∞ 2009
Sabine **N.N.**

91. **Müntefering**, Beatrix

Die ostwestfälischen Vorfahren von Johannes Hermann Müntefering

zusammengestellt von
Johannes Hermann Müntefering und Heiko Hungerige

Die väterliche Linie von Johannes Hermann **Müntefering** reicht zurück bis zur Familie des Ackerwirts Henricus Bernd **Müntefering gen. Behlen** (* 1704) aus den benachbarten ostwestfälischen Ortschaften Eickhoff und Steinhausen (seit 1975 zu Büren). Am 5. Februar 1758 heiratete er in Steinhausen Anna Margaretha **Criener**; Sohn Joseph wurde ca. ein Jahr später geboren. Seit seiner Gründung gehörte Eickhoff kirchlich zum benachbarten Steinhausen, politisch zur Herrschaft Büren.

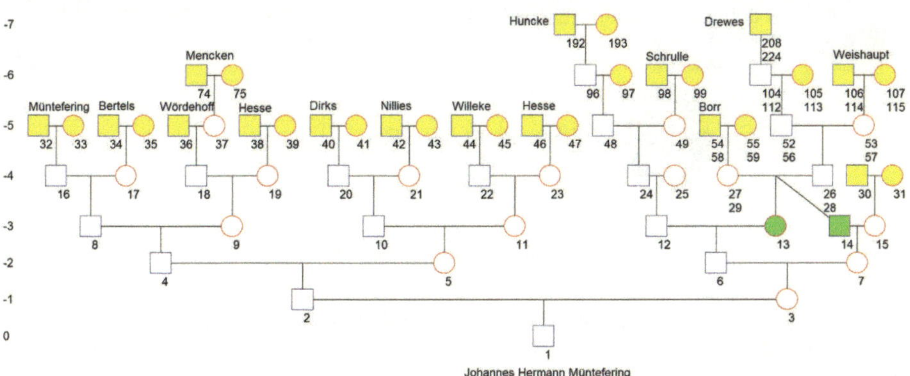

Abb. 1: Schematische Ahnentafel von Johannes Hermann Müntefering. Angegeben sind die Ahnennummern nach Kekule. Ausgelöst durch die „Ahnengeschwister“ AN = 13 und 14 (grün markiert) treten in der Ahnentafel Mehrfachahnen (MFA) auf. Spitzenahnen sind gelb markiert.

Ausgelöst durch die „Ahnengeschwister“ Sophia Elisabeth **Drewes** (* 1857 in Geseke, AN = 13) und Joseph Ignatz Heinrich **Drewes** (* 1851 in Geseke, AN = 14), die beide Vorfahren des Probanden sind, treten deren Eltern mit den Ahnennummern 26/28 und 27/29 doppelt auf (Ahnenimplex bzw. „Ahnengleichheit“). Ihre Nachfahren, der Schlosser und Tanzlehrer Johann Christian **Klasberg** (1896 – 1937; AN = 6), Betreiber des „Lichtspiel-Theaters Joh. Klasberg“ in Geseke, Hellweg 43 (ab 1950 „Schauburg“), und die Hausfrau Helene Dina Gertrud **Drewes** (1889 – 1959; AN = 7) waren Cousin und Cousine (kanonisch 2. Grades, bürgerlich IV. Grades; vgl. Abb. 1 u. 2).

Bisher sind 64 Vorfahren von Johannes Hermann **Müntefering** bekannt; die vollständige GEDCOM-Datei enthält aktuell 377 Personen und kann in der Datenbank[1] des *Roland zu Dortmund* durchsucht werden. Die durchschnittliche Lebensspanne aller Personen betrug 59 Jahre und 38 Tage.[2]

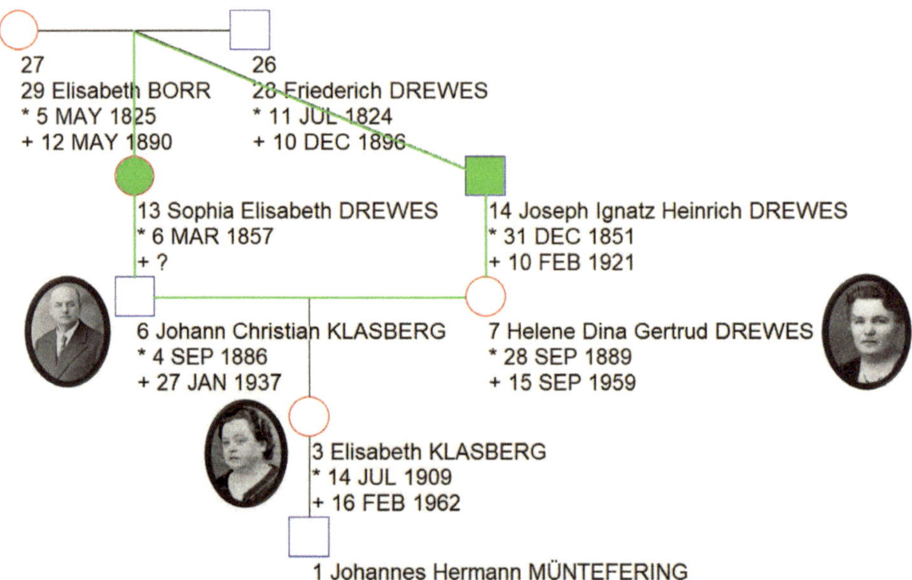

Abb. 2: Ein „geschlossener Heiratskreis" in der Ahnentafel von Johannes Hermann Müntefering. Angegeben sind die Ahnennummern nach Kekule; „Ahnengeschwister" als Auslöser für den (primären) Implex (AN = 27/29 und 26/28) sind grün markiert.

Ahnenliste von Johannes Hermann Müntefering

Proband [AN = 1]

1. **Müntefering**, Johannes Hermann

1 https://tng.rolandgen.de/getperson.php?personID=I48&tree=Muentefering

2 Altersbasierte Berechnungen sind bezogen auf Personen mit eingetragenem Geburtstag und Sterbedatum. Durch unvollständige Datumsfelder (z.B. Geburtstag nur eingetragen als „1945" oder „vor 1860") können diese Berechnungen nicht immer zu 100% korrekt sein.

1. Ahnenreihe [2 / 3][3]

2. **Müntefering**, Hermann, rk., Büroangestellter, * Steinhausen 07.08., ~ ebd. 13.08.1898, † Geseke 26.11., □ ebd. (St. Antonius) 29.11.1964. Der Zwillingsbruder Heinrich wurde um 5 Uhr geboren.
∞ Geseke 19.10.1936

---

3. **Klasberg**, Elisabeth, rk., Hausfrau, * Geseke 14.07., ~ ebd. 17.07.1909, † Geseke 16.02., □ ebd. (St. Petri) 18.02.1962

2. Ahnenreihe [4-5 / 6-7]

4. **Müntefering gen. Kieken**, Conrad Anton, Ackerwirt, * Steinhausen 18.02.1846
∞ Steinhausen 16.02.1882 (Tz: Franz Cottmann, Joseph Dirks)

5. **Dirks**, Theresia Gertrud, rk., Hausfrau, * Steinhausen 30.06., ~ ebd. 01.07.1856, † Steinhausen 15.06., □ ebd. (St. Antonius) 18.06.1904

---

6. **Klasberg**, Johann Christian, Schlosser und Tanzlehrer, * Dortmund 04.09.1886, † Geseke 27.01.1937. Inhaber des „Lichtspiel-Theaters Joh. Klasberg" in Geseke, Hellweg 43, das am 21.09.1912 eröffnet und 1985 geschlossen wurde.

> „Es war im Jahr 1912, als der 22-jährige Geseker Kaufmann Carl **Schübbeler** den Saal der Gaststätte „Schwarzer Adler" pachtete. Er gründete das „Westfalia Theater erstklassige Lichtspiele Geseke" und zeigte alsbald erste Stummfilme. Die Kinovorstellungen waren im Herbst und Winter an Sonn- und Feiertagen. Die wechselvolle Geschichte der Schauburg nahm ihren Lauf. Das Kino überlebte mehrere Betreiber. Johann **Klasberg**, der das Haus Mitte der 1920er-Jahre pachtete, war von Beruf Tanzlehrer und betrieb im „Casino", das sich im gleichen Haus befand, auch eine Tanzschule. 1950 wurde das Filmtheater umgehend saniert. Über einen repräsentativen Treppenaufgang und das Foyer gelangten die Besucher in den Saal, dessen starkes Gefälle und übersichtlich angeordnete Bestuhlung gute Sichtmöglichkeiten bot. Das Kino besaß Rang und Balkon sowie eine kassettenförmige Decke. Zuvor waren das Balkenwerk der Dachkonstruktion noch sichtbar. Zur Wiedereröffnung lief „Der Bettelstudent". Helene **Klasberg** und der langjährige Geschäftsführer Hermann **Müntefering**[4] bestückten den Vorführraum mit zwei Ernemann-Maschinen. Mitte der 60er-Jahre taucht das Kino nicht mehr in den Kinoadressbüchern

3 In Klammern sind die Ahnennummern (AN) nach Kekule aufgeführt, getrennt nach der väterlichen und mütterlichen Seite.

4 Helene Dina Gertrud **Klasberg**, geb. **Drewes** (1889–1959), und ihr Schwiegersohn Hermann **Müntefering** (1898–1964) führten das Kino nach dem Tod von Johann Christian **Klasberg** im Jahr 1937 weiter.

auf, scheint aber noch von Gerda **Hester** betrieben worden zu sein. Nach vorübergehender Schließung und Renovierung gab es dann ab Ende 1967 mit dem neuen Betreiber Georg **Peukes** einen Neuanfang. Mit dem Film „Ghostbusters“ schloss das Kino 1985.“[5]

∞ ...

7. **Drewes**, Helene Dina Gertrud, rk., Hausfrau, * Geseke 28.09., ~ ebd. 30.09.1889, † Geseke (St. Petri) 15.09.1959

Abb. 3: Die Familie von Johann Christian Klasberg (AN = 6). V.l.n.r: Johann Christian Klasberg mit Ehefrau Helene Dina Gertrud Drewes. Stehend: Elisabeth Klasberg. Im Stuhl: Maria Drewes (Schwester der Großmutter von Johannes Hermann Müntefering). Die Kinder v.l.n.r: Luise, Johannes (nicht sicher) und Helene Klasberg. (Foto: J. H. Müntefering)

3. Ahnenreihe [8-11 / 12-15]

8. **Müntefering gen. Kieken**, Joseph, rk., Ackersmann, * und ~ Steinhausen 10.06.1807, † Steinhausen 22.06., □ ebd. (St. Antonius) 25.06.1884.

5 Zitiert nach „AlleKinos.com - Filmtheatergeschichte in Deutschland, Österreich und der Schweiz“ (http://www.allekinos.com/GESEKESchauburg.html; letzter Zugriff 16.09.2022). Vgl. dazu auch „Die Geschichte der Geseker Gaststätten im 20. Jahrhundert“ von Alfons Dunker, S. 249 (in: *Geseker Album I*, S. 242-260, hrsg. von Alfons Dunker, Geseke 1979; online: https://www.westfaelische-hanse.de/wp-content/uploads/brauereienbier_geseke_gaststaetten_20_jh_geseker_album_I_1979_c_stadtarchiv_geseke.pdf; letzter Zugriff 16.09.2022).

Taufregistervermerk: unehelich.
∞ Steinhausen 13.07.1841 (Tz: Conrad Rüther, Johannes Rüther)

9. **Wördehoff**, Anna Maria Christina, rk., Hausfrau, * Steinhausen 26.07., ~ ebd. 28.07.1815

10. **Dirks gen. Johannengeelen**, Aloysius, rk., Witwer, * Steinhausen 15.06., ~ ebd. 16.06.1818, † Steinhausen 18.06., □ ebd. (St. Antonius) 21.06.1883
∞ Steinhausen 01.05.1855 (Tz: Anton Cottmann, Friedrich Zumdiek)

11. **Willeke**, Anna Maria, rk., Hausfrau, * Steinhausen 28.11., ~ ebd. 29.11.1822, † Steinhausen 03.07., □ ebd. 06.07.1900

---

12. **Klasberg**, Friedericus Christianus, rk., Fabrikarbeiter, * Hentrup 22.02., ~ Liesborn 24.02.1858, † Dortmund um 1929
∞ ...

13. **Drewes**, Sophia Elisabeth, Hausfrau, * Geseke 06.03.1857

14. **Drewes**, Joseph Ignatz Heinrich, Maurer, * Geseke 31.12.1851, † Geseke 10.02.1921
∞ Geseke 20.05.1881

15. **Potthoff**, Augustine Josephine, * Lüchtringen 20.04.1856, † Geseke 08.03.1939, „hinterließ 5 majorenne Kinder"

4. Ahnenreihe [16-23 / 24-31]

16. **Müntefering**, Joseph, rk., Ackermann, * Steinhausen um 1759, † Steinhausen 26.09., □ ebd. 28.09.1820. Der Tod wurde angezeigt durch den Schwiegersohn des Verstorbenen, Anton **Hesse**. Keine Angaben über hinterlassene Angehörige.
o-o

17. **Bertels**, Maria Sophia Theresia, rk., Hausfrau, ~ Steinhausen 23.07.1780, † Steinhausen 18.02., □ ebd. 21.02.1860

18. **Wördehoff gen. Adämer**, Johan Anton Thomas, rk., Ackermann, * Weiberg 01.10., ~ ebd. 04.10.1776, † Steinhausen 27.03., □ ebd. 30.03.1838
∞ Steinhausen 03.03.1808 (Tz: Joseph Rüther, Anton Hesse)

19. **Hesse**, Anna Maria Theresia, rk., Hausfrau, ~ Steinhausen 02.01.1791, † Steinhausen 01.08., □ ebd. 04.08.1861. „Hinterläßt 9 majorenne Kinder."

20. **Dirks gen. Johannengeelen**, Friedrich Meinolph, rk., Ackermann, ~ Steinhausen 26.04.1782, † Steinhausen 03.08.1871
∞ Steinhausen 17.10.1815

21. **Nillies**, Angela Maria Margarethe Gertrud, rk., Hausfrau, ~ Steinhausen 23.04.1783, † Steinhausen 17.05., □ ebd. 19.05.1848

22. **Willeke**, Joan Heinrich, rk., Ackermann, ~ Steinhausen 24.01.1792, † Steinhausen 23.01., □ ebd. 26.01.1847
∞ Steinhausen 15.02.1816
23. **Hesse**, Anna Maria Marg. Theresia, rk., Hausfrau, ~ Steinhausen 21.06.1797, † Steinhausen 06.11.1868

---

24. **Klasberg**, Joan Stephan, rk., * Dünninghausen 26.08., ~ Beckum (St. Stephanus) 27.08.1823
∞ Liesborn 22.02.1854
25. **Loick gen. Hoppe**, Anna Maria, rk., Hausfrau, * Hentrup 04.09., ~ Liesborn 05.09.1821

26. **Drewes**, Friederich, rk., Maurer, * Geseke 11.07., ~ ebd. 14.07.1824, † Geseke 10.12.1896
∞ Geseke 20.10.1849
27. **Borr**, Elisabeth, Hausfrau, * Geseke 05.05.1825, † Geseke 12.05.1890. „Hinterließ Witwer mit 6 majorennen Kindern."

28. = 26. **Drewes**, Friederich [z = 2]
29. = 27. **Borr**, Elisabeth [z = 2]

30. **Potthoff**, Carl Joseph, rk., Tagelöhner, * Bödexen 21.04.1816 (unehelich)
∞ Lüchtringen 25.04.1850
31. **Schlierensauer**, Agnes, rk., * Lüchtringen 04.08.1819 (unehelich)

5. Ahnenreihe [32-47 / 48-63]

32. **Müntefering gen. Behlen**, Henricus Bernd, rk., Ackerwirt, ~ Steinhausen 02.08.1704, □ Steinhausen 25.04.1792. 1758: „Witwer Behle in Eickhoff"
∞ Steinhausen 05.02.1758
33. **Criener**, Anna Margaretha, ...

34. **Bertels**, Hermann Georg, rk., Ackermann, □ Steinhausen 29.07.1788
∞ Steinhausen 03.02.1771
35. **Scheeffers**, Angela, rk., Hausfrau, * Steinhausen um 1742, † Steinhausen 08.12., □ ebd. 13.12.1804

36. **Wördehoff vulgo Luchten**, Anton, rk., Ackermann, * Weiberg um 1720, † Weiberg 31.08., □ ebd. 02.09.1800
∞ II. Weiberg 10.07.1766 (Tz: Thomas Wördehoff, Adam Giesen)[6]

6 1. Ehe von Anton **Wördehoff vulgo Luchten** um 1752 in Weiberg mit Christina **Cronen** (gest. am 27.04.1766 in Weiberg). Vgl. Auszug aus dem Sterberegister der kath. Pfarrei St. Brigitte

37. **Mencken (Menke)**, Maria Theresia, rk., Hausfrau, * Weiberg um 1740, † Weiberg 26.10., □ ebd. 28.10.1813

38. **Hesse**, Henrich, ...
∞ ...
39. **Bockholt**, Anna Clara, ...

40. **Dirks gen. Johannengeelen**, Meinolph, Ackermann, * Steinhausen vor 1762, † Steinhausen nach 1815
∞ Steinhausen 24.05.1781
41. **Lünne**, Agnes, ...

42. **Nillies**, Joan Henrich, ...
∞ ...
43. **Rüther**, Maria Josepha, ...

44. **Willeke**, Joan, Ackermann, ...
∞ ...
45. **Cottmann**, Gertrud, ...

46. **Hesse**, Franz, Ackermann, ~ Steinhausen 18.03.1764, † Steinhausen 26.06.1821
∞ Steinhausen 20.04.1790
47. **Vithoot**, Eva Clara, Hausfrau, * Steinhausen, † Steinhausen nach 1821

---

48. **Klasberg**, Johan Bernad, rk., Kötter in der Bauernschaft Dünninghausen, ~ Beckum 08.09.1773, † Dünninghausen 04.01., □ Beckum 07.01.1849. Starb mit 80 Jahren an „Brustkrankheit", hinterließ 6 Kinder.
∞ Beckum 25.06.1805
49. **Schrull**, Anna Maria Catharina Elisabeth, rk., Hausfrau, ~ Beckum 23.09.1778, † Beckum 10.01.1840

50. **Loick gen. Hoppe**, Stephan, Kötter in Hentrup
∞ ...
51. **Hoppe**, Anna Maria, ...

52. **Drewes**, Johann Wilhelm, Tagelöhner, * Schwaney 11.01.1785, † Geseke 17.10.1839. Starb mit 56 Jahren an Auszehrung, hinterließ Ehefrau mit 3 min. Kindern.
∞ Geseke 23.08.1808
53. **Weishaupt**, Gertrud, ...

---

zu Weiberg, Kirchenbuch, Nr. 1, S. 20.

54. **Borr**, Johann, Hammerschmied
∞ ...
55. **Ludwig**, Maria, ...

56. = 52. **Drewes**, Johann Wilhelm [z = 2]
57. = 53. **Weishaupt**, Gertrud [z = 2]

58. = 54. **Borr**, Johann [z = 2]
59. = 55. **Ludwig**, Maria [z = 2]

61. **Potthoff**, Maria Catharina, † vor 1850

62. **Schlierensauer**, Johann, † nach 1850
63. **Pahn**, Elisabeth, ...

6. Ahnenreihe [64-95 / 96-127]

64. **Müntefering**, Joist, ...
65. **Schröder**, Angela, ...

74. **Mencken (Menke)**, Joseph, ...
∞ ...
75. **Düchting**, Elisabeth, ...

---

96. **Huneke gen. Klasberg**, Johannes Bernardus, rk., Kötter, ~ Diestedde 20.02.1746 (Tp: Joannes Bernardus Nienaber, Anna Christina Borghoff), ☐ Beckum 28.02.1799. Starb mit 50 Jahren an Auszehrung.
∞ Beckum 28.04.1772
97. **Claesberg**, Gertrud, rk., Hausfrau, ~ Beckum 08.09.1748, † Dünninghausen 22.04., ☐ Beckum 24.04.1823. Starb mit 74 Jahren an Altersschwäche, hinterließ 7 maj. Kinder

98. **Schrulle**, Friedrich Christian, rk., Kötter, ~ Beckum 18.08.1748
∞ Beckum 07.09.1777
99. **Rundeltappe**, Annamaria, ...

104. **Drewes**, Christianus, rk., Ackerer und Gastwirt auf dem Döisternhof, ~ Schwaney 30.09.1745, ☐ Schwaney 12.12.1797
∞ Schwaney 15.08.1770
105. **Koch**, Anna Maria Theresia, Hausfrau, ~ Schwaney 18.03.1750

106. **Weishaupt**, Franz, ...
∞ ...

107. **Fischer**, Theresia, ...

112. = 104. **Drewes**, Christianus [z = 2]
113. = 105. **Koch**, Anna Maria Theresia [z = 2]

114. = 106. **Weishaupt**, Franz [z = 2]
115. = 107. **Fischer**, Theresia [z = 2]

7. Ahnenreihe [128-191 / 192-255]

192. **Huneke**, Stephanus, rk., ~ Herzfeld 12.03.1698
∞ Diestedde 11.06.1735
193. **Schonefeldt**, Anna Sybilla, rk., Hausfrau, ~ Diestedde 20.03.1706

194. **Claesberg**, Franz, ...
195. **Heitfeld**, Elisabeth, ...

196. **Schrulle**, Johann, ...
197. **Schrulle**, Maria, ...

208. **Drewes**, Jodocus Theodor, aus Sandebeck, ...
∞ Schwaney 1736
209. **Schwarte**, Beatrix, aus Schwaney, ...

210. **Koch**, Conrad, ...
211. **Sander**, Angela Maria, ...

224. = 208. **Drewes**, Jodocus Theodor [z = 2]
225. = 209. **Schwarte**, Beatrix [z = 2]

226. = 210. **Koch**, Conrad [z = 2]
227. = 211. **Sander**, Angela Maria [z = 2]

8. Ahnenreihe [256-383 / 384-511]

384. **Schrull gen. Huneke**, Caspar, ...
∞ Herzfeld 05.11.1686
385. **Huneke**, Catharina, ...

386. **Surman gen. Schonefeldt**, Engbert, ...
∞ Diestedde 12.10.1698
387. **Schonefeldt**, Clara, ...

Die Händler-Familie Bönninger aus Methler (Westick) und Kamen

von Werner Jungwirth

Meine mütterlichen Vorfahren waren im Bergbau tätig. Mein direkter Vorfahre Steiger Friedrich Bönninger (* 18.10.1835 Hörde, † 26.07.1896 Methler) und seine Frau Wilhelmine geb. Fischer (* 19.02.1837 Wellinghofen, † 08.01.1881 Methler) hatten zwei Söhne: Friedrich (* 12.06.1862 Hörde, † 18.09.1949 Kurl; Bergmann [mein Urgroßvater]) und Franz Wilhelm (* 08.01.1869, † 24.05.1918 Methler).

Wilhelm Bönninger gründete eine Milch-Handlung. Die Milch wurde mit Pferd und Wagen von der Molkerei in Kamen abgeholt.

Am 10. September 1898 heiratete er Emilie Brockhaus (* 04.12.1876 Lanstrop, † 19.02.1946 Methler), Tochter des Landwirts Wilhelm Brockhaus und der Wilhelmine geb. Rössing (meine Urgroßeltern). In der Heiratsurkunde des Standesamtes Weddinghofen ist als Beruf Händler genannt. Im Adressbuch der Stadt Kamen von 1914 ist Wilhelm Bönninger als Milch Händler, Methler 133 a, aufgeführt.

Nach dem Tod Wilhelm Bönningers wurde der Betrieb von seinem Sohn Wilhelm (* 12.10.1899, † 27.01.1972) übernommen. Die Milchhandlung wurde als Lebensmittelgeschäft ausgebaut. Wilhelm Bönninger jun. eröffnete in Kamen, Weddinghofer Straße, ein eigenes Geschäft.

Das Geschäft in Methler wurde von seinem Bruder Friedrich am 01.10.1929 übernommen. Friedrich Bönninger verstarb am 19.04.1941 und das Geschäft wurde von seiner Frau Herta geb. Krämer (* 24.05.1911, † 19.08.2008) weitergeführt.

Die Umschreibung im Register erfolgte am 05.12.1941. Herta Bönninger heiratete dann in zweiter Ehe Ernst Schaltinat. Das Geschäft wurde unter dem Namen Herta Schaltinat weitergeführt, Umschreibung im Genossenschaft-Register am 08.08.1944.

Am 01.01.1969 wurde das Geschäft auf die Schwiegertochter Feodora Bönninger übertragen, auch der Sohn Rudolf Bönninger hat später im Geschäft mitgearbeitet. Am 31.03.1998 wurde das Geschäft aus Altersgründen aufgegeben.

Der Schwiegersohn von Wilhelm Bönninger sen., Ernst Henter, hatte in Kamen, Bahnhofstraße, auch ein Lebensmittelgeschäft. Er war verheiratet mit Auguste Bönninger (* 01.02.1897, † 25.12.1979), Wilhelm Bönningers Tochter aus erster Ehe mit Caroline Friederike Hagedorn (* 10.05.1873, † 05.01.1898). Nach dem Tod Ernst Henters übernahm die Tochter Hannelore (* 06.02.1927, † 03.01.2023) das Geschäft, welches aber heute nicht mehr existiert. Ich bin in dem Geschäft in Kamen, Bahnhofstraße, als Kind selbst einkaufen gewesen, wenn ich meine Patentante Anna Beisenherz besucht habe. Das Geschäft Herta Schaltinat, Westick-Kaiserau, habe ich auch gekannt.

Ich bin mit der Linie Wilhelm Bönninger doppelt verwandt. Die Geschwister Emilie und Albert Brockhaus haben in zwei Generationen der Familie Bönninger eingeheiratet (Onkel und Nichte).

Zurück zum Bergbau: Der einzige Sohn von Bergmann Friedrich Bönninger, Wilhelm (* 30.05.1889, † 02.01.1964 Kurl), war Kapitän beim Norddeutschen Lloyd in Bremen. Mein Großonkel wohnte mit seiner Familie in Bremen, Neckar Str 18, und seit 1944 wieder in Methler. Mein Onkel hat mehrmals Kap Hoorn umsegelt und war Mitglied der Kaphoorniers, Saint-Malo/Frankreich.

Drei Schwiegersöhne von Friedrich Bönninger waren im Bergbau tätig: mein Großvater Fördermaschinist Albert Brockhaus (* 23.08.1892 Lanstrop, † 13.12.1968 Dortmund, verheiratet mit Frieda Bönninger [* 22.06.1896, † 17.06.1961 Kurl]), Bergmann Eduard Schneider (* 23.12.1887 Rüschenwerder Kreis Marienburg, † 29.02.1916). Mein Patenonkel Bergmann Heinrich Beisenherz (* 17.08.1894, † 03.08.1952 Kamen).

Meine Patentante Anna Bönninger (* 18.02.1893 Methler, † 18.03.1978 Dortmund) heiratete am 06.06.1915 Eduard Schneider und in zweiter Ehe am 19.10.1921 Heinrich Beisenherz.

Die drei Enkel/Enkelin und die fünf Urenkel haben andere Berufe gewählt.

Quellenangaben: Kirchenbücher der Ev. Kirchengemeinden Hörde, Wellinghofen und Methler, Standesamt Weddinghofen und Methler, Stadtarchiv Kamen und Dortmund, Bericht Rudolf Bönninger.

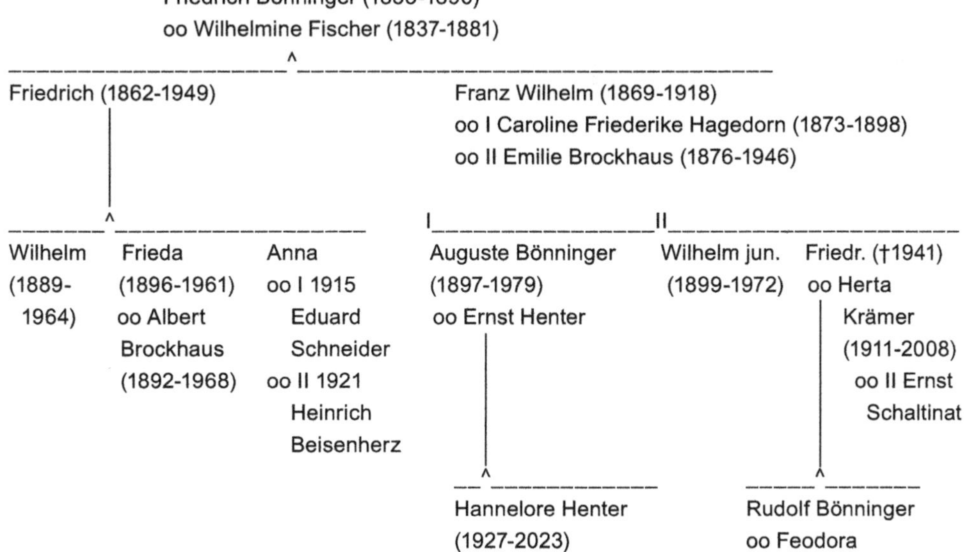

Als Kain in Brackel wohnte

Kollektiver Massenmord – Ethischer Suizid

von Ralf Lawrence Rüth

„Da sprach der Herr zu Kain: Wo ist dein Bruder Abel? Er sprach: Ich weiß nicht; soll ich meines Bruders Hüter sein?"

(1. Mose 4,9)

Die Jahre 1933 bis 1945 haben **auch in Brackel** stattgefunden, selbst wenn sich viele schon 1946 nicht mehr an sie erinnern konnten oder wollten. Man schwieg sich aus, besonders über jene, die man zum Schweigen gebracht hatte. Diesbezüglichen Fragen der jüngeren Generation wich man aus, ließ sie weitgehend unbeantwortet.

Am kollektiven Massenmord, der eben auch in Brackel stattgefunden hatte, wollte niemand beteiligt gewesen sein! Hörte man Aussagen: *„Wir waren ja eigentlich dagegen." – „Man konnte nichts dagegen tun." – „Was wisst ihr denn schon?"*, so waren sie erkennbar begleitet von Unsicherheit, Ratlosigkeit und schlechtem Gewissen – soweit man es nicht an der braunen Garderobe abgegeben hatte –, das wohl ahnte, dass vor Ort nicht einfach nur Kapitalverbrechen begangen worden waren, sondern **wesentlich mehr** geschehen war. Man hatte nicht nur die physische Existenz der Opfer zerstört oder tatenlos dabei zugesehen, sondern konsequent und systematisch versucht, **jede** Erinnerung an sie auf immer zu tilgen – ein ultimativer, absoluter Mord! Celan formulierte: ***„Der Tod ist ein Meister aus Deutschland"***[1]

Und nach dem Kriege setzte das Schweigen über diese unmenschlichsten Schandtaten dieses Bemühen fort, ohne dass denen, die *„dabei"* gewesen waren, klar wurde, dass sie damit den Versuch fortsetzten, den letzten Rest eigenen moralischen Bewusstseins zu vernichten. Immer noch setzte sich der ethische Suizid großer Teile der Nation fort, auch in unserem Dorf Brackel. Holocaust und andere faschistische Gewalttaten schienen Tätern wie Zuschauern nur ertragbar durch völlige Verdrängung. Man war bemüht zu beseitigen, was Stein des Anstoßes (zur Erinnerung und Reflexion) hätte werden können. So wurde Anfang der fünfziger Jahre die kleine, jüdische Begräbnisstelle im Winkel zwischen Hellweg und Breierspfad geräuschlos beseitigt, die fragmentarischen Grabsteine des 1926 aufgehobenen und trotzdem geschändeten Friedhofs entfernt.

---

1 Aus dem Gedicht „Todesfuge" von Paul Celan, in Deutsch zuerst erschienen 1948 in Wien im Sammelband „Der Sand aus den Urnen".

Der ehemalige jüdische Friedhof im Winkel Hellweg/Breierspfad heute
(Foto: Rüth 2/2019)

Laut Bundesregister war hier vermutlich auch die am 19.7.1836 in Arholzen geborene und im Jahre 1884 in Brackel gestorbene **Minna Rothenberg** begraben. Wäre es nicht längst angezeigt, an dieser Stelle, die zu einer ungepflegten und verschmutzten Grünfläche verkommen ist, einen Gedenkstein aufzustellen und so symbolisch die jüdischen Mitbürger in die Mitte des Dorfes zurückzuholen?

Es dauerte mehr als zwei Jahrzehnte, bis eine kritische, junge Generation nach Aufklärung verlangte. Da waren schon viele der Täter selbst verstorben, verzogen oder untergetaucht. Es wurde und wird immer schwerer, die kollektiven Erinnerungslücken zu schließen, die gemeinschaftliche Amnesie zu überwinden.

Wie aber kann für die Zukunft ein solches Grauen verhindert werden, wenn wir uns nicht mit jenen zwölf Jahren deutscher (und Brackeler) Geschichte intensiv und mit wahrhaftigem Interesse beschäftigen?

Insofern kann man dem **Stolpersteinprojekt** nur größte Anerkennung und Dank aussprechen, ebenso den Versuchen Einzelner wie Erna Mörchel, geborene Bommelitz, die in Eigeninitiative über die Geschehnisse berichtet hat. So in den autobiographischen Schriften *„Aus meinem Leben“* (1988) und *„Das Leben der Brackeler Erna Mörchel – Autobiografie 1913-1992“* posthum aus Aufzeichnungen zusammengestellt von ihrer Tochter und ihrer Enkelin. Es ist erfreulich, dass auch die Stadt Dortmund die Auseinandersetzung mit der Nazi-Herrschaft nicht gescheut hat, indem sie die Errichtung von Gedenkstätten angeregt, begleitet und gefördert hat. Themenorientierte Publikationen wie *„Widerstand und Verfolgung in Dortmund 1933-1945“* und auch die Präsentation der Wehrmachtsausstellung belegen dieses Engagement eindrucksvoll.

Die in Brackel zum Schweigen Gebrachten sind zum einen **politische, teils gewerkschaftliche Widerständler**, zum anderen **schlichte, jüdische Mitbürger**, die kaum ihre Stimme erhoben hatten. Während über die aufrechten

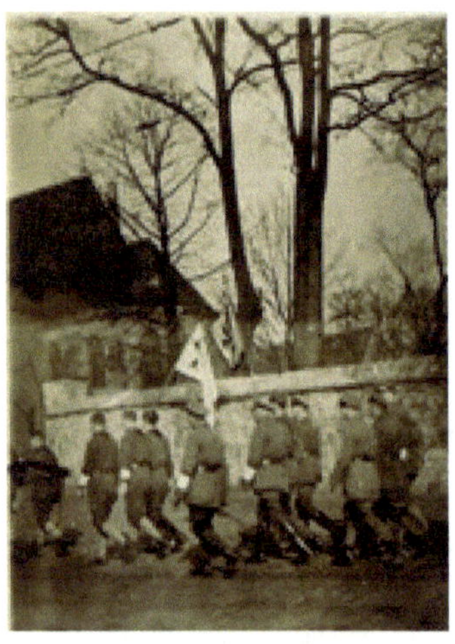

Ende der zwanziger/ Anfang der dreißiger Jahre. Aufmarsch (der Johanniter?) - Ab 1933 beherrschte die SA das Straßenbild.

Widerstandskämpfer **Bommelitz**, die **Gebrüder Mörchel** und **Paul Weber** inzwischen einige Tatsachen, Berichte und Hinweise öffentlich geworden sind, fehlen solche Erkenntnisse zu den deportierten und ermordeten jüdischen Mitbürger weitgehend.

Die einzelnen Stolpersteine geben nur ein Mindestmaß an Auskunft über sie, regen aber an, sich weiter für sie zu interessieren.

Eine Sonderstellung nimmt der evangelische Probst **Heinrich Grüber**, von 1920-1926 Brackeler Pfarrer und prominentes Mitglied der Bekennenden Kirche, ein. Sein in Berlin eingerichtetes *„Büro Grüber"* bedeutete für über 1.000 Nichtarier die Rettung, für ihn Verhaftung und KZ-Aufenthalt. Sein Nachfolger im Amt, der Brackeler **Pastor Robert Gustav Schmidt** folgte seinem Beispiel. Letzterer ist besonderer Betrachtung wert. Auch er leistete auf seine Art, unter Hinnahme schwerster persönlicher Leiden, Widerstand.

Gedenktafel an der Südwestecke der Kommende-Mauer.

Die Widerstandskämpfer

Es werden mehr gewesen sein, als heute noch bekannt ist. So führt die Gedenktafel vier Kämpfer stellvertretend auf. Die der KPD nahestehenden **Gebrüder Mörchel**, die der Gewerkschaftsopposition angehörten, **Paul Weber** von der christlichen Gewerkschaft, alle drei am Karfreitag 1945 im Rombergpark ermordet, und **Karl Gähner** (vom Allgemeinen Deutschen Gewerkschaftsbund), der am 15.5.1945 im Zuchthaus Brandenburg hingerichtet worden ist.

An diesem Ort lebten, liebten, lachten und litten:

Flughafenstraße 80 / Caesariusstr., Wohnsitz von August Bommelitz und Erich Mörchel. Rechts ist in der Fassade noch der ehemalige Kiosk von „Oma Bommelitz“ zu erkennen.

An diesem Ort lebte, liebte, lachte und litt:

Eicktelgenweg 6, ein Neubau steht an der Stelle, an der Karl Mörchel wohnte. Heute als Nr. 12 gekennzeichnet, weil zur Holwickeder Straße hin weitere Bauten dazugekommen sind.

An diesem Ort lebte, liebte, lachte und litt:

Holzwickeder Straße 27: ehemaliges Wohnhaus von Karl Gähner (Foto: Rüth 2/2019)

Das heutige Haus Flughafenstr. 50 beherbergt das katholische Pfarramt St. Clemens. Das früher vor der Kirche stehende Haus, in dem Paul Weber wohnte, ist wohl abgerissen worden.

Soweit die Stolpersteine für die Widerstandskämpfer.

Zu Ehren der **Gebrüder Mörchel** hat die Stadt im Neubaugebiet „Hohenbuschei" eine Straße nach ihnen benannt, die „Gebrüder Mörchel-Straße".

Erich Mörchel, geb. am 21.12.1908 in Dortmund, war bis 1933 KPD-Mitglied. Seit 1930 arbeitslos, wurde er im Juni 1933 festgenommen, im April 1934 *„wegen Beteiligung an der Vorbereitung zum Hochverrat"* zu 13 Monaten Gefängnis verurteilt. Nach Verbüßung der Strafe überführte man ihn in das KZ Sachsenhausen. Von Ende 1936 bis Ende 1944 arbeitete er auf der Zeche Scharnhorst, danach bei der Deilmann Bergbau GmbH, wo er am 9.2.1945 verhaftet wurde. Am 19. April wurde er im Rombergpark ermordet aufgefunden.

Karl Mörchel, geb. am 7.1.1903 in Prinowen/Ostpreußen, arbeitete Ende der zwanziger Jahre als Bergmann in Dortmund. Im Frühjahr 1934 verlor er seine Arbeit. Nachdem er am 13.9.1934 *„wegen Verteilung illegaler Flugblätter"* verhaftet und *„wegen Vorbereitung zum Hochverrat"* zu 2 Jahren und 3 Monaten Zuchthaus verurteilt worden war, kam er Ende 1936 wieder frei, fand aber erst im Mai 1937 wieder Arbeit. Am 9.2.1945 wurde er erneut verhaftet und am selben Ort und zur selben Stunde wie sein Bruder ermordet aufgefunden.

Ihr Schwager **August Bommelitz** überlebte zwar Krieg und Verfolgung, starb aber 1948 an den Haftfolgen.

Karl Gähner wurde am 15.5.1944 im Zuchthaus Brandenburg mit der Guillotine hingerichtet.

Paul Weber wurde mit Karl und Erich Mörchel sowie zusammen mit über 200 Widerstandskämpfern und Zwangsarbeitern am Karfreitag 1945 ermordet, weil die amerikanischen Truppen schnell vorrückten. Sein Vater hatte ihn zum Schmied und Schlosser ausgebildet. Nach der Lehre besuchte er das Konservatorium in Köln und trat in der St. Clemens-Gemeinde als Komponist, Sänger und Organist auf. Im Ersten Weltkrieg hatte er eine Augenverletzung (Gas?) erlitten, die ihn zeitlebens behinderte. Früh war er Mitglied im „Christlichen Metallarbeiter-Verband".

Der mutige Mann versteckte im Hause seiner Eltern die Jüdin **Charlotte Temming**, wurde aber denunziert und am 19.2.1945 von der Gestapo verhaftet. Über Charlottes Schicksal ist nichts weiter bekannt.

Wenigstens der **„blutige Karfreitag“** im Rombergpark und in der Bittermark, an dem 228 Fremdarbeiter und Widerstandskämpfer ermordet worden waren, erfuhr zum Teil Sühne bzw. ein ehrendes Gedenken.

Die in der Gestapo-Hierarchie tätigen **Oberregierungsrat Roth** und der berüchtigte **Kriminalrat Söchting**, der sich durch besondere Brutalität einen Namen gemacht hatte, wurden kurz nach dem Kriege an Jugoslawien ausgeliefert, dort zum Tode verurteilt und hingerichtet. Inwieweit sie an dem Karfreitag-Massaker beteiligt waren ist nicht mehr feststellbar.

Unzweifelhaft ist jedoch, dass **Rudolf Betz** (geb. 1903), Kommandant der Sicherheitspolizei und des SD für den Bezirk Arnsberg, den Befehl zur Liquidierung herausgegeben hatte. Nach dem Kriege war er zunächst unter dem Namen Rudolf Koch – wie einfallsreich! – untergetaucht, wurde aber nach fünfzehnjähriger Fahndung am 11.11.1960 um 22.10 Uhr in Bielefeld festgenommen und anschließend vor Gericht gestellt.

Die ermordeten Juden

Wir müssen davon ausgehen, dass auch die oben erwähnte **Charlotte Temming** den Nazi-Schergen nicht entkommen ist.

1942 und 1943 gingen von Dortmund aus mehrere Transporte deportierter Juden in verschiedene Konzentrationslager. Dort kamen insgesamt etwa 2.200 jüdische Menschen aus Dortmund gewaltsam zu Tode, ca. 200 starben nach dem Krieg an Spätfolgen der Misshandlungen.

Diese Gedenktafel befindet sich gegenüber der Kirche, an der rechten Seite des Forums vor dem EDEKA-Laden.

Am 1. März 1943 wurden jüdische Mitbürger, zum Teil aus dem Sauerland stammend, in der Gaststätte „Deutsches Haus" / Gerold unter dramatischen Umständen zusammengetrieben und von dort zum Dortmunder Bahnhof verbracht, um in einen Transport nach Auschwitz „verfrachtet" zu werden.

Hellweg 146, heute ein Neubau, gegenüber der Sparkasse

Am Brackeler Hellweg 146 hatten **Albert und Jetta Vogelsang**, geb. Hahn, und **Rosalie Hahn** gewohnt. Nach einem von KNIPPENBERG zitierten Verzeichnis der *„Mitglieder* «Jüdische Religionsgemeinde Dortmund» *mit Stand vom 1. Juni 1941"*[2] waren in diesem Hause auch gemeldet:

Golda Löwenhardt, geb. 7.11.1885, und
Berta Steinheim, geb. 18.11.1872, über deren Verbleib nichts bekannt ist.

In o.a. Liste wird auch **Ida Zschalig** erwähnt, geb. 8.7.1901, wohnhaft in der Oberdorfstraße 38. Auch sie verliert sich in der unseligen deutschen Geschichte.

Wir wissen nicht genau, ob Jetta Vogelsang und Rosalie Hahn zu denen gehörten, die am 27.1.1942 von der Gaststätte Gerold aus nach Riga deportiert wurden; jedenfalls war Albert Vogelsang da bereits zwei Jahre tot, nachdem man ihn in Dortmund am 11.11.1940 ermordet hatte.

2 KNIPPENBERG, Günter: Brackel, ein Dorf am westfälischen Hellweg. Lünen 1997, S. 152.

An diesem Ort lebte, liebte, lachte und litt:

Das Haus Brackeler Hellweg Nr. 94, in dem Emanuel Schnog wohnte, wurde abgerissen. Im Hof befindet sich heute das Büro einer Gebrauchtwagenfirma. (Foto: Rüth 2/2019)

Emanuel Schnog hatte noch Verwandtschaft in Dortmund, die ebenfalls deportiert und in Auschwitz ermordet wurde: **Eugen und Johanna Schnog mit Tochter Edith**.

An diesem Ort lebten, liebten, lachten und litten:

Das Ehepaar Klonower wurde am 27.1.1942 nach Riga deportiert. Im Erdgeschoss des Wohnhauses Hellweg 116 / Ecke Westheck betrieben sie ein

Schuhgeschäft, das nach dem Krieg das Fahrradgeschäft Wolf beherbergte; heute wird es von einem türkischen Friseur genutzt.

Das Haus in heutigem Zustand (Foto: Rüth 2/2019)

Wieckesweg 44, letzter Wohnort von Karl Herzberg

Der 1893 geborene **Karl Herzberg** war vielleicht das erste NS-Opfer in Brackel. Definitiv wurden mit den Transporten vom 27.1.1942 und am 1.3.1943 jüdische Brackeler Mitbürger deportiert. Für den letztgenannten Transport wurden sie in der Gaststätte „Gerold / Zum Deutschen Haus" gesammelt.

Die Entrechtung der jüdischen Mitbürger während des Hitler-Regimes erlangte auch in Brackel in der Reichspogromnacht vom 9./10. November 1938 einen vorläufigen Höhepunkt.

SS-Kommandos drangen bereits am Nachmittag des 10.11. in die Wohnung von Karl Herzberg, einem Vertreter von Strumpf- und Wollwaren ein, fanden aber nur dessen nichtjüdische Ehefrau vor, beschränkten sich darauf, sie entwürdigend zu beschimpfen und zogen zunächst wieder ab.

Ebenfalls am Nachmittag erschienen SS-Leute auf dem Grundstück der Familie **Cohen**, Hellweg 132, warfen die Schaufensterscheiben ein und drangen dann in die Wohnung vor, wo sie die ebenfalls nicht-jüdische Ehefrau **Johann Cohens** sowie dessen Stieftochter (Frau Cohen war in erster Ehe mit Hugo Hirsch verheiratet gewesen) vorfanden, die sog. „Ariernachweise" vorlegen konnten. *„Unverrichteter Dinge"* zogen auch hier die Randalierer wieder ab.

Die **Cohens** waren Inhaber von „Herga, Herchenbach & Co."[3] und handelten mit Textil- und Manufakturwaren. Wenn keine Namenszufälligkeiten vorliegen,

3 KNIPPENBERG, Brackel.

wäre es möglich, dass das Mädchen überlebt hat; jedenfalls gab es nach dem Kriege in der Oberdorfstr., neben der ehemaligen Schmiede, über Jahre einen Haushaltswarenladen, geführt von einer Frau Hirsch, wie auch einen Textilladen neben Blumen Kortmann am Brackeler Hellweg, gegenüber dem Pfarrhaus, der ebenfalls von einer Frau Hirsch geführt wurde. Über das Schicksal des Ehepaars Cohen ist nichts weiter bekannt.

Eines aber ist sicher: In beiden Fällen waren die jüdischen Ehemänner beim Erscheinen der SS nicht zu Hause. Dies darf wohl als Beleg gewertet werden, dass es sich bei den Ereignissen des 9./10.11.1938 nicht um ***„eine spontane Entladung des Volkszorns"*** gehandelt hat, wie die NS-Propaganda hat weismachen wollen.

Waren die jüdischen Männer gewarnt worden? War ein letzter Rest von Menschlichkeit und Anstand im Dorf verblieben?

Auch die weitere Vorgehensweise der Nazis spricht für **eine geplante, systematische Aktion:** In beiden Fällen kehrten die SS-Kommandos zurück, um in den Wohnungen das Mobiliar zu zerschlagen, Geschirr und Einrichtung zu zertrümmern, zu stehlen und zu rauben.

Bis Ende Januar 1939 mussten alle vier noch in Brackel ansässigen jüdischen Geschäfte aufgegeben werden, darunter auch die noch nicht erwähnte Vertretung in „Wirtschafts- und Kolonialwaren" des **Georg Steinweg**, Aplerbeckerstr. 17.[4] Auch sein Schicksal ist unbekannt.

Über den **9.11.1938** (Judenpogrom in ganz Deutschland) berichtet Pfarrer **Walter Böcker**, Schwiegersohn von Robert Gustav Schmidt. Genau an diesem Tage hatte Böcker in Essen sein 2. Theologisches Examen bestanden und sah in der Dortmunder Innenstadt die Zerstörungen der Nacht. Er erinnert sich:

„In Dortmund-Brackel vollzog sich das, was in der Nacht im Stadtzentrum geschehen war, am nächsten Tag. SA-Leute zogen durch das Gemeindezentrum über den Hellweg und sangen »Wenn das Judenblut vom Messer spritzt, dann geht's noch mal so gut…« Die Freude meiner Eltern über mein bestandenes Examen war groß.

Als sie erleben mussten, daß die SA zunächst vor das Manufakturwaren Geschäft **Cohn** [Hervorhebung durch den Autor] *marschierten und Schaufensterscheiben zerstörten und weiter marschierten zum Schuhgeschäft Klonover und auch dort alles zerstörten und dann vor dem Pfarrhaus am Hellweg, in dem Pfarrer Robert Schmidt mit seiner Familie wohnte, schrien: »Das waren die Juden, jetzt kommen die Pfaffen dran!« und auch dort alle Fensterschieben zerstörten* [**Wo waren die Brackeler, die hinter ihrem Pfarrer standen?** Frage des Verfassers], *sagte mein Vater weinend: »Nun bist Du auch ein Pfaffe!«"*[5]

---

4 KNIPPENBERG, Brackel, S. 152ff.

5 Zitiert nach: Kirchenkampf und kirchlicher Widerstand in Dortmund 1933-1945, hrsg. von Ubbo DE BOER und Rolf SCHEER. Dortmund 1981, S. 139. Im Folgenden Kurztitel: KIRCHENKAMPF.

Pastor Robert Gustav Schmidt

Günter Knippenberg überliefert: „Er war wie sein Schwiegersohn [...] Pfarrer Walter Böcker später schrieb: «einer der tapfersten und mutigsten Pfarrer von Groß-Dortmund.»“[6] Knippenberg fährt fort: *„Vom Beginn des Kirchenkampfes an setzte er sich für die Verfolgten und besonders für die jüdischen Mitbürger ein, was ihm Verhaftungen und Inhaftierungen in der berühmt-berüchtigten Steinwache in Dortmund einbrachte. Hinzu kamen Verhöre bei der Geheimen Staatspolizei in Hörde."*

In seinem Kampf gegen die Barbarei soll er nicht nur einen Juden getauft haben, um ihn der Verfolgung zu entziehen, sondern auch den obligatorischen Vermerk *„Der Vater des Täuflings war ein eingewanderter polnischer Jude"*[7] im Taufbuch verweigert haben. Daraufhin wurde er im berüchtigten Nazi-Hetz-Blatt *„Der Stürmer"* attackiert. Sein dort veröffentlichtes Porträt wurde als *„Verbrecherphysiognomie"* bezeichnet.[8]

Trotzdem verhinderte er kategorisch die Entfernung einer Halbjüdin aus dem Kirchenchor [**Wer betrieb den Ausschluss? Etwa die Gemeinde- oder Chormitglieder, die *„hinter ihm standen"*?** Frage des Verfassers] mit den Worten: *„Sie bleibt! Ausschluss erfolgt nur über meine Leiche!"*[9]

Bei den Kirchenwahlen 1933, so berichtet Knippenberg, hätten die Bekennenden von acht fünf, die Deutschen Christen dagegen **nur** [Hervorhebung durch den Verf.] drei der Presbytersitze erhalten. Knippenberg wertet das als Treuebeweis von Gemeinde und Presbyterium. Sicher hat er das Ergebnis verglichen mit den über 56%, welche die „Deutschen Christen“ bei der Kirchenwahl durchschnittlich in den Gemeinden der Dortmunder Innenstadt erreicht hatten.

Das kann man auch **anders** sehen! **Immerhin erreichten die DC damit 37,5%,** und die Nazi-Herrschaft stand erst am Anfang. Zwar trennten sich die Brackeler-DC 1934 von der Gemeinde und gründeten eine eigene Organisation, aber unter dem Druck von Gleichschaltung und Bedrohung werden in den kommenden Jahren viele weitere Gemeindemitglieder dem Opportunismus erlegen sein. Das ist menschlich.

Sicher, in den ersten Jahren predigte Schmidt vor vollem Haus, auch wenn die Gestapo Dauergast war. Als er dann am 1. Februar 1943 Predigtverbot und Hausarrest erhielt, war von der Treue, die Knippenberg konstatiert, nur noch wenig zu merken. Weder das Presbyterium noch die Gemeinde gingen auf die Barrikaden, so wie es etwa Mitglieder der Reinoldi-Gemeinde taten, die sich sogar in Berlin für ihren Pfarrer Karl Lücking einsetzten. Nein, sie nahmen das Berufsverbot für ihren Pfarrer Schmidt klaglos hin, ja sie ersetzten ihn, der sich in seine Heimat Thüringen zurückgezogen hatte, am 16.7.1946 durch

6 KNIPPENBERG, Brackel, S. 190.
7 Zitiert nach KIRCHENKAMPF, S. 140.
8 KNIPPENBERG, Brackel, S. 190.
9 KIRCHENKAMPF, S. 140.

Pfarrer **Wilhelm Frank**, der bis zum 1.12.1947 blieb. Nach ihm besetzte **Werner Schreyer** aus Moers am 2. 4.1948 die Pfarrstelle.

Wie *„würdig"* sich Presbyterium und Gemeinde des Pfarrers Robert Gustav Schmidt erwiesen, muss Knippenberg als redlicher Chronist dann doch offenbaren: ***„Eine Abschiedspredigt, die er 1946 «seiner» Gemeinde halten wollte, verwehrte man ihm."***[10]

„**Der Bauks**" bemerkt trocken: *„[…] aus politischen Gründen im Wartestand 1.2.1943 […]"*[11]

Böcker wird deutlicher: *„Eine Abschiedspredigt 1946 versagte man ihm, weil man ihm unterstellte, er komme nur um abzurechnen. Vielleicht ist dies ein Indiz dafür, daß man unmittelbar nach 1945 die Vergangenheit noch nicht bewältigen wollte oder konnte."*[12] **Das „Vielleicht" ist zu streichen! Es ist ein Skandal für sich, dass dieser schlimme Euphemismus in einem Standardwerk der ev. Kirche bis heute nicht beseitigt wurde!**

Der wehrhafte Geistliche leistete in seinen Predigten Widerstand, das heißt **öffentlich(!)**, indem er sich mit den Verbrechen der Gewaltherrscher auseinandersetzte und sie anprangerte. In seinen Gottesdiensten saß die Gestapo und stenografierte mit, wo nicht, gab es willige Denunzianten. Mehrfach wurde er in Haft genommen, die Steinwache war ihm fast so vertraut wie das Pfarrhaus, und in der Gestapo-Zentrale in Hörde war er „Stammgast". Schließlich landete er im KZ.

Sein Gegenspieler im Dorf, **August Schliepkötter**, opponierte als Anführer der „Deutschen Christen" und hielt in der ehemaligen Tenne seines Bauernhauses, in der Bauerstraße 12, eigene Gottesdienste ab.

Schon **Heinrich Grüber** hatte mit dem *„Pietisten"* seine liebe Not. Der bereits vorbestrafte Lehrer [Schliepkötter] war Anführer des Brackeler *„Vereins für Innere Mission"* und verfügte über eine entsprechende Gefolgschaft. Dass seine Frau Leiterin des *„deutsch-christlichen Frauendienstes"* war, verstärkte seinen Einfluss erheblich. Im Wesentlichen hatte der Brackeler Kirchenkampf zum Inhalt, dass die DC Zugang zu Gemeindehaus und Kirche verlangten. Das Konsistorium gab dem aber nicht nach, weil es um die Vorstrafe Schliepkötters wusste. Um die Jugendarbeit fortsetzen zu können, war Schmidt auch bei der Entstehung des „Handballvereins Tura Brackel" beteiligt. Dass sich Robert Gustav Schmidt mehrfach, nicht nur verbal von der Kanzel, sondern recht praktisch für seine jüdischen Mitbürger eingesetzt hat, vermutlich, indem er Verfolgten Kontakt zum „Büro Grüber" (s.o.) vermittelte, daran wusste sich der begnadete Feldhandballer des TURA Brackel „Pille" Hugo Gillmann († 2014) noch Jahrzehnte nach dem Krieg zu erinnern.

Der Streit um die Verfügbarkeit der kirchlichen Immobilien wurde durch die Kriegsereignisse gegenstandslos, als Kirche und Gemeindehaus während

10 KNIPPENBERG, Brackel, S. 191.

11 BAUKS, Friedrich Wilhelm: Die evangelischen Pfarrer in Westfalen von der Reformationszeit bis 1945 (= Beiträge zur Westfälischen Kirchengeschichte, 4). Bielefeld 1980, S. 445.

12 KIRCHENKAMPF, S. 142.

eines Bombenangriffs Ende Mai 1943 so schwer beschädigt wurden, dass eine Nutzung nicht mehr möglich war.

Vielleicht ist es höhere Gerechtigkeit, dass auch das Haus des August Schliepkötter beim alliierten Bombenangriff vom 25. März 1943 schwer beschädigt wurde.

Bauerstraße 12 nach dem Bombenangriff, noch „glimpflich" davongekommen; der gegenüberliegende „Hof Schmidt" wurde durch zwei Luftminen völlig zerstört.

Später probte in demselben Raum der Mandolinenkreis (die Frau Hugo Gillmanns gehörte dazu.), ab 1957 richtete Vera Müller dort ihr Zahntechnisches Laboratorium ein, nachdem sie das Objekt von Wwe. Schliepkötter erworben hatte. Ob sie Kenntnis von der Vorgeschichte und dem „genius loci" hatte, ist ungewiss, aber immerhin waren sie und ihr Mann Heinz alte Brackeler.[13]

Robert Gustav Schmidt überlebte die KZ-Haft und bekundete mit Ende des Krieges die Absicht, seine Stellung wieder anzutreten. Spätestens jetzt verlor die Leitung der evangelischen Kirchengemeinde, das Presbyterium, ihre (bezweifelbare) Unschuld. Sie verwehrte Schmidt die Rückkehr in seine Pfarre, ja, sie versagte ihm sogar eine Abschiedspredigt! (s.o.)

Wusste er zu viel? Kannte er seine Schäfchen zu genau, besonders die ~~schwarzen~~ braunen?

Hatten jene, die das Koppel abgelegt hatten und nun blütenweiße Westen trugen, Angst, Flecken zu bekommen?

Jedenfalls sah sich auch die Gemeinde nicht veranlasst, für ihren Pfarrer einzutreten und sich mit der eigenen, jüngeren Geschichte zu befassen. Das

---

13 Unter Verwendung von Murken, Jens: Die evangelischen Gemeinden in Westfalen, Bd. 1: Ahaus bis Hüsten. Bielefeld 2008, S. 297ff.

führt unter seltenen Umständen zu Peinlichkeiten. An einer war der Verfasser selbst beteiligt.

Es geschah im Jahre 1963, als sich der Pfarrer Erich Pukrop, Inhaber der 1947 eingerichteten 2. Pfarrstelle, veranlasst sah, bei der Mutter des Verfassers einen kurzen Hausbesuch zu machen. Er beschwerte sich über das Verhalten des sonst aufgeweckten Gymnasiasten: *„Beim Gebet in der Kirche schließt der Junge weder die Augen noch senkt er den Kopf. Er gibt ein denkbar schlechtes Beispiel für die anderen. Bitte nehmen Sie doch Einfluss auf Ihr Kind!“* Der Pfarrer wusste wohl nicht um das familiäre Umfeld der guten Frau, deren Onkel, einer in ganz Westfalen prominenten Pfarrersfamilie entstammend, in der Nachkriegszeit von der Synode beauftragt war, zu prüfen, inwieweit sich Pfarrer während der NS-Zeit evangelisch korrekt verhalten hatten, sodass eine Weiterbeschäftigung befürwortet werden konnte. Außerdem hatte die Frau eine kleine Gestalt, aber ein umso größeres Herz, das besonderes für ihre beiden Kinder schlug. *„Herr Pfarrer, haben Sie meinen Sohn gefragt, warum er sich so verhält?“ – „Nein!“ – „Dann will ich Sie nicht weiter aufhalten. Guten Tag!“*

Rausschmiss erster Klasse. Wutschnaubend, von christlicher Demut war nichts zu erkennen, zog der Hirte von dannen. *„Wenn die gute Frau es nicht anders will, dann mache ich den Skandal öffentlich“*, dachte er.

Und so beorderte er in der nächsten Konfirmandenstunde den „widerspenstigen Knaben“ nach vorne ans Pult und stellte ihm coram publico die verhängnisvolle Frage nach seinem sonntäglichen Verhalten. Im Stillen freute er sich auf die Peinlichkeit, die offenbar werden würde. **Es wurde peinlich!**

Die ruhige und feste Antwort – Luther hätte seine Freude daran gehabt – : *„Herr Pfarrer, Sie geben sich doch nun schon über ein Jahr redliche Mühe, uns das Evangelium zu verkünden. Wenn ich in der Schule richtig aufgepasst habe heißt* **‹εὐαγγέλιον›** *‹**Frohe** Botschaft›. Warum also soll ich duckmäuserisch den Kopf senken und nicht fröhlich bekennen?*

Und das mit offenen Augen! Es wäre doch vor gar nicht langer Zeit besser gewesen, wenn Ihre Generation genauer hingesehen hätte.“ **Das saß!**

Und wie – das sollte der standhafte Junge erst viel später erfahren, als im Rahmen der CVJM-Arbeit er und der Pfarrer ziemlich beste Freunde geworden waren, der Pfarrer im schlabbrigen Trainingsanzug auf dem Sportplatz auftauchte und sich besonders im Kugelstoßen hervortat, seinem jungen Freund während der Renovierung des Gemeindehauses seinen Hausschlüssel anvertraute, damit in seinem Wohnzimmer die Jugendstunde stattfinden konnte. Im Religionsunterricht der Oberprima hielt dann der Pennäler ein Referat über den ***„Kirchenkampf in Dortmund“*** und geriet an Dokumente, die Gustav Robert Schmidt und dessen Gemeinde betrafen.

Damals aber blieb dem patriarchalen Pastor die Luft weg. Durchaus cholerisch veranlagt, verfärbte sich seine Gesichtsfarbe von Rot nach Dunkelrot bis Blau. Die Stirnadern schwollen an. Er rang sichtbar nach Luft. Gut dreißig Konfirmanden/Innen hielten die Luft an, man hörte nur den schweren Atem des

Pfarrers, der plötzlich kreidebleich wurde. Ein Herzinfarkt, womöglich? Nein, rasend hatten ihn sein Verstand und sein Gewissen eingeholt. Schließlich wusste er, warum sein Kollege **Wilhelm Frank** (1944-1947), danach er am 1.6.1947, die Stelle von Gustav Robert Schmidt als Nachfolger hatten besetzen können. Diesen Auftritt konnte sich der Junge doch wohl nur leisten, wenn er die wenig schönen, eher skandalösen Begleitumstände kannte. Wenn das publik würde! Und so trat Pastor Erich mit Tränen (der Wut oder der Ergriffenheit?) seinen Kollegen zuliebe den Rückzug und damit die Flucht nach vorn an. Er entschuldigte sich. **Eine Sensation!** Er bat darum, der Mutter auszurichten, dass sein Besuch angesichts einer solchen Erklärung völlig überflüssig gewesen sei.

Er sei ganz überwältigt, dass sein Unterricht solch ***„unerwartet schöne Frucht“*** getragen habe. Dann entließ er die ganze Gruppe vorzeitig in die Freizeit und hoffte darauf, Mutter und Sohn eine genügende Satisfaktion geleistet zu haben. Dann gönnte er sich ein Glas Rotwein.

Typisch für die Gemeindeführung mag auch sein, wie sie den langjährigen Kirchmeister und Mäzen **Curt Ebert** behandelte, einen völlig integren Mann. Der hatte sich über Jahre ehrenamtlich für die Renovierung der Gemeindeobjekte, wie Gemeindehaus, Kirche usw. eingesetzt und sich als Besitzer einer ortsansässigen Fabrik für Industriesiebe, Gitterroste und Tore auch mehrfach finanziell engagiert. Darüber hinaus stellte er Facharbeiter, wie z. B. Schlosser unentgeltlich ab, wenn es an kirchlichen Einrichtungen, z. B. der Kirchturmuhr, etwas zu reparieren galt. Als er sich aus Alters- und Gesundheitsgründen zurückziehen musste, waren seine Nachfolger nicht bereit, im selben Umfang als Sponsoren aufzutreten und wollten wenigstens die Eigenkosten erstattet haben.

Werbeanzeige von 1954

Daraufhin sah sich Ebert wütenden Reaktionen, Beschimpfungen und Diffamierungen seitens des Presbyteriums ausgesetzt, was seinen Gesundheitszustand ultimativ verschlechterte. Die Pfarrer schwiegen und griffen nicht ein!

Das kam bekannt vor. Eine seltsam schweigende „Würde“ der Gemeinde! Martin **Niemöller** nahmen sie nicht zur Kenntnis:

„Als die Nazis die Kommunisten holten, habe ich geschwiegen; ich war ja kein Kommunist

Als sie die Sozialdemokraten einsperrten, habe ich geschwiegen; ich war ja kein Sozialdemokrat.

Als sie die Gewerkschafter holten, habe ich geschwiegen; ich war ja kein Gewerkschafter

Als sie mich holten, gab es keinen mehr, der protestieren konnte.“

Nachruf auf Arndt Richter (1934–2024)

von Weert Meyer und Heiko Hungerige

Abb. 1: Arndt Richter

Arndt Richter, vielen sicher noch persönlich bekannt durch seine regelmäßigen Besuche auf den DAGV-Tagungen, verstarb nach kurzer, schwerer Krankheit am 2. September 2024 in München, fünf Tage vor seinem 90. Geburtstag.

Richter beschäftigte sich schon seit seiner Schulzeit mit Genealogie und hat sich als großer Kenner in der Dynastengenealogie verdient gemacht. Schon früh begeisterte er sich für die *Theoretische Genealogie* und erkannte, dass diese nicht ohne die Unterstützung der EDV auskommen kann.

Das Standardwerk Siegfried Röschs, seine *Quantitative Genealogie* (als Teil A aus „Goethes Verwandtschaft"[1] von 1956), wurde für Richter zeitlebens zur Richtschnur seiner Arbeiten. So ergab sich ab 1973 eine tiefe Freundschaft und langjährige Zusammenarbeit mit dem 35 Jahre älteren Rösch, der bereits 1984 verstarb. Viele der von Rösch angestoßenen Forschungen führte Richter fort. Eine besondere Vorliebe Röschs, das Mehrfachvorkommen Karls des Großen auf dynastischen Ahnentafeln, wurde von nun an auch von Richter weiter gepflegt.

Abb. 2: Siegfried Rösch und Arndt Richter 1978 in Dettelbach, Unterfranken

Der besondere Erbgang des X-Chromosoms wurde von ihm erstmals 1979 beschrieben[2] und unabhängig davon 2005 von Luke A. D. Hutchison „wiederentdeckt". In der Folge wurden dann die in der DNA-Genealogie beliebten sog. „X-DNA Inheritance Charts" vermehrt publiziert, u. a. von Blaine Bettinger und Debbie Parker Wayne.

Um das Mehrfachvorkommen bestimmter Ahnen auf dynastischen, aber auch bürgerlichen Ahnentafeln zu bestimmen, stellte Richter als erster 1987 das Konzept der *Verschwisterungsliste* (VSL) für eine Ahnentafel vor.

---

1 Download unter https://re-koeln.de/roesch/Goethes-Verwandschaft.pdf.

2 Download unter http://www.genetalogie.de/artikel/html/ar_afs79/ar_afs79.htm.

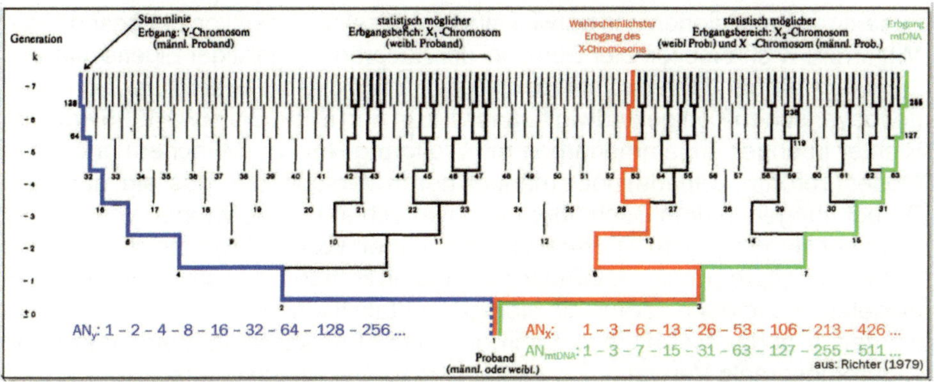

Abb. 3: Besondere Erbgänge in der Ahnentafel (modifiziert nach Richter, 1979). Angegeben sind die Ahnennummern (AN) nach Kekule.

Fortan war die von Richter vorgeschlagene Verschwisterungsliste Grundlage für alle Berechnungen nach den Regeln der Quantitativen Genealogie, u. a. kann daraus das Mehrfachvorkommen eines Ahns auf einer Ahnentafel und der daraus resultierende mittlere biologische Verwandtschaftsanteil mit dem Probanden bestimmt werden. Was hier akademisch klingt, hat sehr wohl große Bedeutung: So rückt Karl der Große, obwohl er hauptsächlich in der 40. Generation auf der Ahnentafel eines heute lebenden Adeligen / Regenten steht, biologisch an die Seite eines Ahns, der seinerseits nur einmal in der 10. Generation steht.
Dieses biologische „Näherrücken" beschäftigte Richter bei allen seinen Forschungen. Dabei stellte er sich auch stets die Frage, wie bestimmte Charaktereigenschaften oder Erkrankungen eines Probanden mit bestimmten Ahnen in

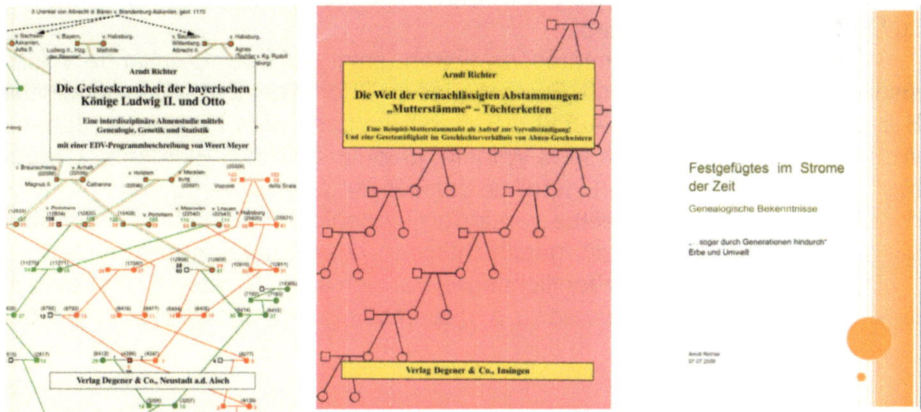

Abb. 4: Drei der vielen Publikationen von Arndt Richter: „Die Geisteskrankheit der bayerischen Könige Ludwig II. und Otto" von 1997, „Die Welt der vernachlässigten Abstammungen: ‚Mütterstämme' – Töchterketten" von 2006 und seine autobiografische Schrift „Festgefügtes im Strome der Zeit" von 2009.

Zusammenhang stehen und entwickelte hierzu seine These von der besonderen Mittlerrolle X-chromosomaler Gene bei der Ausprägung geistiger Eigenschaften.[3]

In den 1990er-Jahren nahm Richter genau aus diesem Grunde das Schicksal der bayerischen Könige Ludwig II. und Otto in den Blick. Bis etwa 1995 erstellte Richter in enger Zusammenarbeit mit Wolfgang Reimar (München) und Hans Moser (Toronto, Canada) noch manuell deren Verschwisterungsliste, auch alle Berechnungen in dem Buch über die bayerischen Könige wurden von Richter noch per Hand ausgeführt. Parallel dazu schrieb Weert Meyer ein statistisches Auswertungsprogramm (AhnAusw.prg). Damit konnten Verschwisterungslisten eingelesen und dann daraus die biologisch-statistischen Kennzahlen bestimmt werden, u. a. das Mehrfachvorkommen eines Ahns sowie der autosomale und X-chromosomale Verwandtschaftsanteil resp. Verwandtschaftsgrad.

Mit Martin Jülich fand Richter dann einen versierten Informatiker, der mit *AhnenImplex*[4] eine genealogische Software programmierte, die vielfältige Auswertungsmöglichkeiten auf der Grundlage der Quantitativen Genealogie bietet. Auf Richters Anregung ist es nun auch möglich, die komplexen Verwandtschaftsstrukturen einer Ahnen- bzw. Nachfahrentafel grafisch als „Ahnennetz" darzustellen. Zudem muss die Verschwisterungsliste nicht mehr manuell erstellt werden: Man nimmt einen Datensatz, erzeugt daraus eine GEDCOM-Datei und liest diese mit *AhnenImplex* ein. Für jede Person in diesem Datensatz kann nun dessen Verschwisterungsliste automatisch generiert werden. Es war nicht nur Richter eine große Genugtuung, dass *AhnenImplex* die zuvor manuell berechneten statistischen Kennwerte aus dem Buch über die bayerischen Könige korrekt und übereinstimmend reproduzierte.

In Zusammenarbeit mit dem Dynastengenealogen Axel Schmidt wurden nun von Richter viele weitere Ahnentafeln mit *AhnenImplex* analysiert. Dabei wurde er auch in den letzten sieben Jahren von Heiko Hungerige vom „Roland zu Dortmund e.V." unterstützt.

Wie vielfältig Richters Interessen waren, zeigt auf beeindruckende Weise seine autobiografische Schrift „Festgefügtes im Strome der Zeit – Genealogische Bekenntnisse"[5] von 2009: Auf 666 Seiten begegnen dem Leser u. a. Johann Wolfgang von Goethe, Gottfried Wilhelm Leibniz, Otto von Bismarck, Gregor Mendel sowie die großen Chemiker der vergangenen Jahrhunderte – stets durch die spezielle Brille eines versierten Genealogen betrachtet, stets aber auch in einen größeren, kulturgeschichtlichen Zusammenhang eingebettet.

Durch seine vielen Veröffentlichungen hat sich Arndt Richter als Genealoge sehr verdient gemacht, darunter u. a. quantitativ-genealogische Analysen der

---

3 Vgl. http://www.genetalogie.de/mgross/mgross.html#MainContent.

4 Download des Programms und Handbuchs unter: https://tng.rolandgen.de/browsemedia.php?mediatypeID=documents.

5 http://www.genetalogie.de/bekenntnisse/start.html.

Ahnen- bzw. Nachfahrentafeln von Rübel-Blaß,[6] Siegfried Rösch,[7] Arno Lange,[8] Gregor Mendel,[9] Ernst Haeckel,[10] Gottfried Wilhelm Leibniz,[11] Johann Wolfgang von Goethe,[12] Otto von Bismarck,[13] Ludwig II. von Bayern,[14] Charles III.,[15] Prinz Wilhelm Karl von Isenburg,[16] Anton Orth,[17] Martha von Kauffungen,[18] Anna von Mohl,[19] Eckhard Preuschhof,[20] sowie der Familie Conzelmann.[21]

2019 wurde er vom Verein für Computergenealogie als „Verdienter Genealoge“ ausgezeichnet.[22] Viele seiner Forschungsergebnisse sind auf seiner „GeneTalogie-Homepage“[23] und in der „Digitalen Bibliothek“[24] der Datenbank des „Roland zu Dortmund“ zu finden und können dort nachgelesen werden.

Sein Tod ist nicht nur für seine Familie und Freunde, sondern auch für die Genealogie in Deutschland ein großer Verlust. Möge er uns allen in guter Erinnerung bleiben.

Die Abbildung 5 (rechts) zeigt einen von vielen Forschungsschwerpunkten Arndt Richters: Die berühmten Nachfahren des Marburger Bürgermeisters Anton Orth (ca. 1425 – 1507)

---

6 http://www.genetalogie.de/rb/index.html.
7 http://www.genetalogie.de/roesch2/index.html.
8 http://www.genetalogie.de/alange/start.html.
9 http://www.genetalogie.de/artikel/html/ar_gena84/ar_gena84.htm.
10 http://www.genetalogie.de/Haeckel/Vorwort2.pdf.
11 http://www.genetalogie.de/leibniz/leibniz.pdf.
12 http://www.goethe-genealogie.de/start.html.
13 http://www.genetalogie.de/artikel/pdf/bismarck.pdf.
14 http://www.genetalogie.de/Ludwig%20II%20AT%20A-E%20Gesamt%20NEU%2009-02-2019.pdf.
15 http://www.genetalogie.de/British_Royal_AL/AhnentafelnCharlesIIIpdf.
16 http://www.genetalogie.de/isenburg/isindex.html.
17 https://tng.rolandgen.de/showmedia.php?mediaID=1144.
18 http://www.genetalogie.de/Verwandsch_Verflechtung/start1.html.
19 http://www.genetalogie.de/annavonmohl/annavonmohlindex.html.
20 http://www.genetalogie.de/AhnenEckPreu/vorwortindex.html.
21 http://www.genetalogie.de/stammtafeln/einleitung.html.
22 https://www.compgen.de/2019/09/arndt-richter-verdienter-genealoge/.
23 www.geneTalogie.de.
24 https://tng.rolandgen.de/browsemedia.php?mediatypeID=documents.

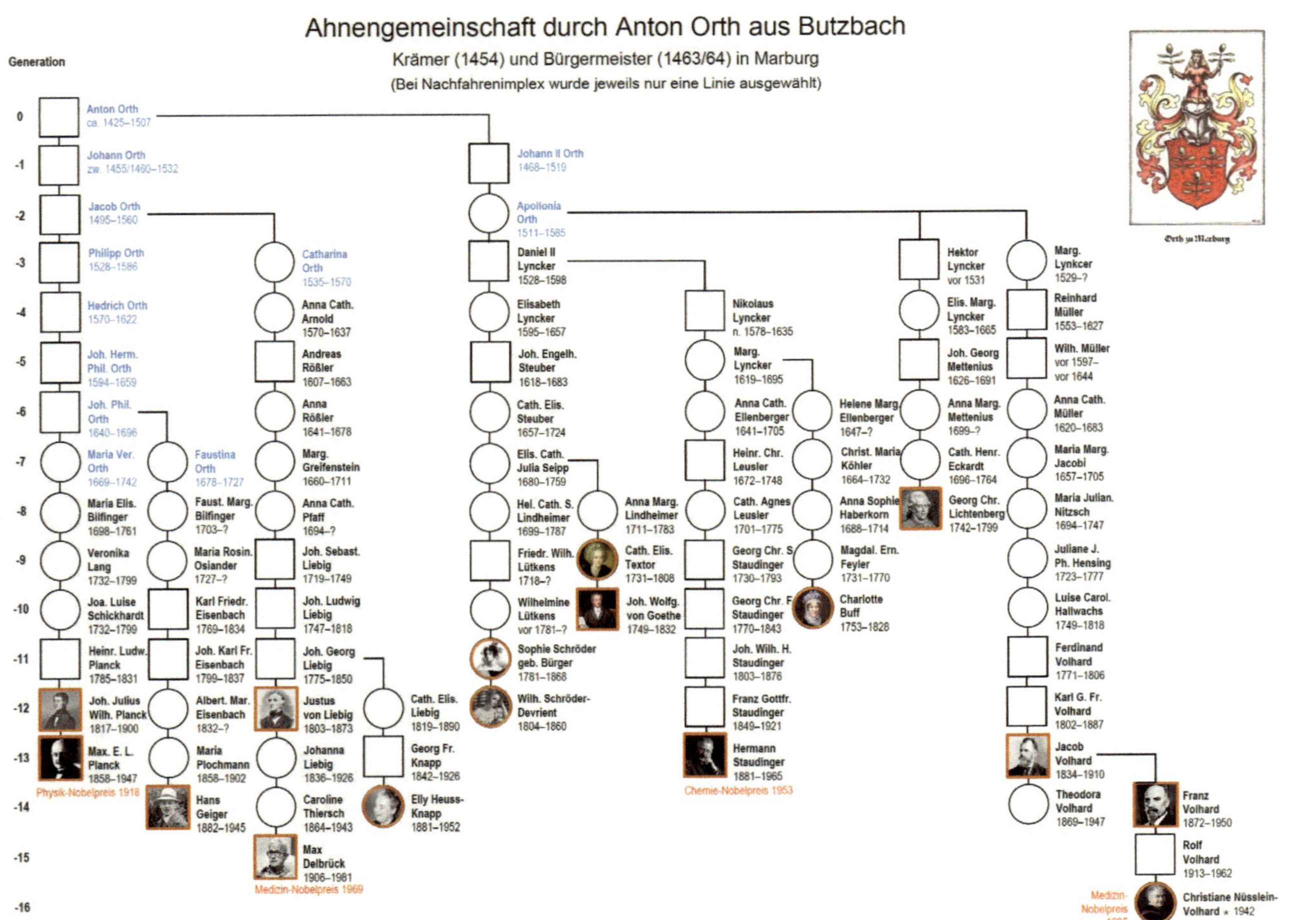
Ahnengemeinschaft durch Anton Orth aus Butzbach
Krämer (1454) und Bürgermeister (1463/64) in Marburg
(Bei Nachfahrenimplex wurde jeweils nur eine Linie ausgewählt)
Generation
0
-1
-2
-3
-4
-5
-6
-7
-8
-9
-10
-11
-12
-13
-14
-15
-16
Anton Orth ca. 1425–1507
Johann Orth zw. 1455/1460–1532
Jacob Orth 1495–1560
Philipp Orth 1528–1586
Hedrich Orth 1570–1622
Joh. Herm. Phil. Orth 1594–1659
Joh. Phil. Orth 1640–1696
Maria Ver. Orth 1669–1742
Maria Elis. Bilfinger 1698–1761
Veronika Lang 1732–1799
Joa. Luise Schickhardt 1732–1799
Heinr. Ludw. Planck 1785–1831
Joh. Julius Wilh. Planck 1817–1900
Max. E. L. Planck 1858–1947
Physik-Nobelpreis 1918
Faustina Orth 1678–1727
Faust. Marg. Bilfinger 1703–?
Maria Rosin. Osiander 1727–?
Karl Friedr. Eisenbach 1769–1834
Joh. Karl Fr. Eisenbach 1799–1837
Albert. Mar. Eisenbach 1832–?
Maria Plochmann 1858–1902
Hans Geiger 1882–1945
Catharina Orth 1535–1570
Anna Cath. Arnold 1570–1637
Andreas Rößler 1607–1663
Anna Rößler 1641–1678
Marg. Greifenstein 1660–1711
Anna Cath. Pfaff 1694–?
Joh. Sebast. Liebig 1719–1749
Joh. Ludwig Liebig 1747–1818
Joh. Georg Liebig 1775–1850
Justus von Liebig 1803–1873
Johanna Liebig 1836–1926
Caroline Thiersch 1864–1943
Max Delbrück 1906–1981
Medizin-Nobelpreis 1969
Cath. Elis. Liebig 1819–1890
Georg Fr. Knapp 1842–1926
Elly Heuss-Knapp 1881–1952
Johann II Orth 1468–1519
Apollonia Orth 1511–1585
Daniel II Lyncker 1528–1598
Elisabeth Lyncker 1595–1657
Joh. Engelh. Steuber 1618–1683
Cath. Elis. Steuber 1657–1724
Elis. Cath. Julia Seipp 1680–1759
Hel. Cath. S. Lindheimer 1699–1787
Friedr. Wilh. Lütkens 1718–?
Wilhelmine Lütkens vor 1781–?
Sophie Schröder geb. Bürger 1781–1868
Wilh. Schröder-Devrient 1804–1860
Anna Marg. Lindheimer 1711–1783
Cath. Elis. Textor 1731–1808
Joh. Wolfg. von Goethe 1749–1832
Nikolaus Lyncker n. 1578–1635
Marg. Lyncker 1619–1695
Anna Cath. Ellenberger 1641–1705
Heinr. Chr. Leusler 1672–1748
Cath. Agnes Leusler 1701–1775
Georg Chr. S Staudinger 1730–1793
Georg Chr. F Staudinger 1770–1843
Joh. Wilh. H. Staudinger 1803–1876
Franz Gottfr. Staudinger 1849–1921
Hermann Staudinger 1881–1965
Chemie-Nobelpreis 1953
Helene Marg. Ellenberger 1647–?
Christ. Maria Köhler 1664–1732
Anna Sophie Haberkorn 1688–1714
Magdal. Ern. Feyler 1731–1770
Charlotte Buff 1753–1828
Hektor Lyncker vor 1531
Elis. Marg. Lyncker 1583–1665
Joh. Georg Mettenius 1626–1691
Anna Marg. Mettenius 1699–?
Cath. Henr. Eckardt 1696–1764
Georg Chr. Lichtenberg 1742–1799
Marg. Lynkcer 1529–?
Reinhard Müller 1553–1627
Wilh. Müller vor 1597– vor 1644
Anna Cath. Müller 1620–1683
Maria Marg. Jacobi 1657–1705
Maria Julian. Nitzsch 1694–1747
Juliane J. Ph. Hensing 1723–1777
Luise Carol. Hallwachs 1749–1818
Ferdinand Volhard 1771–1806
Karl G. Fr. Volhard 1802–1887
Jacob Volhard 1834–1910
Theodora Volhard 1869–1947
Franz Volhard 1872–1950
Rolf Volhard 1913–1962
Christiane Nüsslein-Volhard * 1942
Medizin-Nobelpreis 1995
Orth zu Marburg

Bericht von der Jahreshauptversammlung am 12. März 2024

vom Christian Loefke

Die anwesenden 16 Mitglieder wurden um 19:05 Uhr zur form- und fristgerecht einberufenen Jahreshauptversammlung im Centrum für Familiengeschichte, Carl-von-Ossietzky-Str. 5, begrüßt und die Beschlussfähigkeit festgestellt.

Da keine schriftlichen Anträge vorlagen, wurde die Tagesordnung einstimmig angenommen. **16 - 0 - 0** [Ja - Enthaltung - Nein]

Anschließend wurde den im Berichtsjahr 2023 verstorbenen Mitgliedern, Herr Fritz Städtler († 15. Juli 2023) und Herrn Karl-Heinz Drumann († 28. August 2023) sowie dem in diesem Jahr bereits verstorbenen Joachim Söchtig († 17. Februar 2024), gedacht.

Im Berichtsjahr 2023 konnten Richard Goldmann auf 60, (†) Joachim Söchtig auf 45, Hiltrud Wiemann auf 40, Helga Koch und Heimgard Droege auf 35, Christel Finzel auf 30 und Reiner Udo Hölscher auf 25 Jahre Vereinszugehörigkeit zurückblicken. Leider war keiner der Zuehrenden anwesend, so dass die Urkunden per Post an sie verschickt werden sollen. Anschließend wurden die Namen der Mitglieder, die 20, 15, 10 und 5 Jahre im Verein sind, verlesen.

Der Bericht des Vorstandes, vorgelegt von Angela Sigges, stellte eine zunehmende Normalisierung des Vereinslebens fest, da neben den ZOOM-Meetings auch wieder persönliche Begegnungen in Präsenz stattfanden. Während die Vortragsabende weiterhin fast vollständig als Online-Veranstaltungen abgehalten wurden, waren die Jahreshauptversammlung, das Sommerfest und auch das adventliche Weihnachtstreffen wieder Orte der persönlichen Begegnung.

Die Roland-Werkstatt bot im Berichtszeitraum beide Kontaktformen an: am 2. Freitag im Monat online und am 4. Freitag im Monat vor Ort im FamilySearch Center in Dortmund-Brünninghausen. Während des Präsenz-Treffens stehen dort neben einem kostenlosen Archion-Zugang auch die Internet-Portale von Ancestry, MyHeritage und GeneaNet für Recherchen zur Verfügung. Zudem hilft der Roland inzwischen dauerhaft freitags im FamilySearch Center aus, wofür Fred Murawski, Georg Palmüller, Hans Tenschert, Manfred Sigges und Wolfgang Wern herzlich gedankt sei.

Die Online-Veranstaltungen waren bei 9 Online-Vorträge mit insgesamt 420 Besuchern = 46,7 Besucher pro Online-Vortrag und 10 Online-Werkstätten mit insgesamt 304 Besuchern = 30,4 Besucher pro Online-Werkstatt gut besucht.

Ebenfalls virtuell – bis auf eine Sommersitzung – waren die Vorstandssitzungen im Jahr 2023.

Nach außen präsentierte sich der Roland auf dem **73. Deutschen Genealogentag** in Kleve, der vom 27. bis 29.10.2023 stattfand. Ebenso war der Roland beim Online-Treffen der **International German Genealogy Partner-**

ship (IGGP) und in Altenberge beim **10. Westfälische Genealogentag** am 18.3.2023 vertreten.

Tagesausflüge führten die Roland-Mitglieder am 14. September nach Unna mit einem Besuch des dortigen Stadtarchivs und am 14. Oktober nach Dortmund-Asseln in die dortige Lutherkirche.

Die Nutzung der ehrenamtlich betreuten Bibliothek, die in einem Nebengebäude des Stadtarchivs untergebracht ist, erfolgte nach Absprache mit Elke Mehlmann, die durch Helma Geltenpoth und Wilfried Wittlieb unterstützt wurde.

Die „offene" Roland-Liste wird von Eva Holtkamp moderiert.

Die Roland-Homepage, verwaltet vom Beisitzer Georg Palmüller und unterstützt vom stellvertretendem Vorsitzenden Heiko Hungerige, wurde komplett umgestellt und ist seit dem 17. Juni 2023 in neuer Aufmachung zu sehen. Im RZD-Blog finden sich Berichten zu den Roland-Veranstaltungen und die neuesten Nachrichten aus der genealogischen Welt. Ebenfalls sind dort die „Genealogische Linkliste" und die Roland-Datenbanken zu finden. Schließlich gab es neue Auftritte des Roland im GenWiki und auf der Plattform Mastodon.

Durch die Übernahme von Nachlässen und Forschungsergebnissen konnten über 231.174 neue Personeneinträge in die Roland-TNG-Datenbank hinzugefügt werden.

Die Projekt-Arbeit im Dortmunder Stadtarchiv wurde durch Herrn Jungwirth und Herrn Dr. Jäckel weiter fortgesetzt, ebenso wie die Indexierung der Verlustlisten des 1. Weltkrieges, die Herr Nabrotzky von zu Hause aus bearbeitet. Dafür gebührt diesen Mitgliedern ein besonderer Dank.

Neben dem seit 2022 laufenden Projekt „Spitzenahnen" hat Heiko Hungerige unter dem Titel „Hilfen zur Familienforschung" eine neu Initiative in Leben gerufen. Sie hat das Ziel verschiedene Hilfsmittel für die genealogische Forschung in einer einheitlichen Heftreihe zusammenzufassen. Die Hefte sind als PDF-Dateien auf unserer Homepage hinterlegt und können im DIN-A4-Format oder über die Druckerfunktion "Broschüre" als DIN-A5-Heft ausgedruckt werden; bisher sind 15 Hefte erschienen.

Der Schatzmeister, Hans Tenschert, legte eine Übersicht der Einnahmen und Ausgaben für den Zeitraum vom 01.01.2023 bis 31.12.2023 vor. Im Vergleich zum Vorjahr (2022) hat sich das Vereinsvermögen um 940,32 Euro erhöht, obwohl der neue Roland-Band als auch ein externes Buchprojekt (Dr. Ziesing) finanziert wurden. Durch den neuen Mietvertrag mit der Stadt Dortmund wurde die Raummiete von rund 800 auf 5.832,- Euro angehoben, gleichzeitig erhält der Roland seither einen Förderzuschuss der Kulturbetriebe Dortmund in gleicher Höhe.

Die Kassenprüfung erfolgte am 28.2.2024 durch Margret Kloda und Werner Jungwirth. Dabei wurde die Übereinstimmung der vorgenommenen Buchungen mit den vorliegenden Belegen festgestellt, so dass es keinerlei Anlass zu Beanstandungen gab. Die Kassenprüfer beantragen die Entlastung des Schatzmeisters und seiner Stellvertreterin.

Elke Mehlmann beantragte daraufhin die Entlastung des Vorstandes. Es wurde bei eigener Enthaltung Entlastung erteilt: 8 - 8 - 0

Im Berichtszeitraum erschien der neue Band des Roland-Jahrbuchs wie bei der letzten JHV angekündigt als Doppelband für die Jahre 2022 und 2023. Für den nächsten Band liegen bereits einige Ahnen- und Nachfahrenlisten vor, außerdem ein heraldischer Beitrag über Wappen als Kommunikationsmittel und ein Beiträge der sich mit der Zeit des Nationalsozialismus auseinandersetzt.

Die Kassenprüfer Margret Kloda und Werner Jungwirth habe ihre Bereitschaft erklärt, erneut zu kandidieren. Es gibt keine weiteren Wahlvorschläge

Margret Kloda (abwesend) wird einstimmig gewählt 16 - 0 - 0

Werner Jungwirth wird bei eigener Enthaltung einstimmig gewählt 15 - 1 - 0

Unter „Verschiedenes“ wurde über das Sterbeanzeigen-Projekt berichtet. Die Anzeigen werden im FamilySearch Center zu den Öffnungszeiten bearbeitet, können aber auch gescannt und dann Zuhause bearbeitet werden.

Im nächsten Jahr ist der **11. Westfälische Genealogentag** in Altenberge zum 29. März geplant.

Das Sommerfest findet wieder im August statt.

Die Versammlung endete um 20:20 Uhr.

Die Arbeitssitzungen des letzten Jahres hatten folgende Themen:

10.01.2023	674.	**Orestes Mallmann**: Wie man Einträge über Auswanderer bei deutschen Konsulaten finden kann
14.02.2023	675.	**Volker Wilmsen:** Digitale Quellen zu Schülern, Lehrern und Geistlichen
14.03.2023	676.	**Wolfgang Bechtel**: Die Sechswöchnerinnen. Geburt, Taufe, Wochenbett, Einsegnung und Aberglaube
27.04.2023	677.	**Annegret Gräfe / Sandra Clavier:** Roland-Heredis-Online-Anwendertreffen – Neues, Fragen, Tipps und Hilfen rund um die beliebte Genealogie-Software
09.05.2023	678.	**Gisbert Strotdrees**: Hof- und Familiennamen in Westfalen
20.06.2023	679.	Jahreshauptversammlung
08.08.2023	680.	Roland-Sommerfest im Garten des FamilySearch Centers
12.09.2023	681.	**Jürgen Sturma**: Historische Trachten zur Unterstützung der Familienforschung
24.10.2023	682.	**Ingrid Mayer:** SALZBURGER EXULANTEN – „Was für ein gotteslästerliches Maul“ – Maximilian und Philipp Zehenthoefer
14.11.2023	683.	**Dr. Harald Jenner**: Auswanderer- und Rückwanderergeschichte der Familie Livingston
12.12.2023	684.	Roland-Weihnachtsabend im Hotel Drees

Orts- und Namensegister

Orte

Namen

Mitarbeiter des Bandes

Heiko Hungerige
44866 Bochum – FamilieHungerige @ public-files.de

Werner Jungwirth
44359 Dortmund – jungwirth.12 @ web.de

Christian Loefke
48147 Münster – schriftleiter.rzd @ gmx.de

Weert Meyer
Weert @ gmx.de

Johannes Hermann Müntefering
hans.muentefering @ gmx.de

Ralf Lawrence Rüth
44309 Dortmund – r.l.rueth @ t-online.de

Angela und Manfred Sigges
44267 Dortmund – a.sigges @ gmx.de

Alfred Smieszchala
48149 Münster – Smieszchala @ web.de

Friedhelm Wittlieb
44532 Lünen – wittlieb @ web.de